ICTに負けてたまるか！

～ゆるぎなき“信念”宿る教育観の源泉ここに！

人間教師としてのプライド

野口芳宏＋
各界識者9人 著

JN061361

学芸みらい社
GAKUGEI MIRAISHA

まえがき

野口 芳宏

本書を通じての出合いの御縁に感謝致します。「出合いは偶然だが、それが必然の出合いになるか否かは本人次第だ」と言ったのは曽野綾子氏です。「本人次第」との語はそのまま「本書次第」とも置き換えられそうです。本書は、小学館発行の月刊『総合教育技術』誌に十年余に亘って連載した「本音・実感の教育不易論」150余編の中から、学芸みらい社の教育書編集長・樋口雅子氏（前明治図書編集部長）が、厳選、再構成された9編と、現在第一線で活躍中の研究者、実践家の辛口コメントとから成るものです。お蔭様で読み応えのある教育書の一冊として世に問うことができました。「書籍というものは、そこに新たな提案性がなければ出版の意味はない」とは、明治図書出版の江部満編集長（ギネスブック記録保持者、故人）の名言ですが、その「提案性」においても十分に応えられる内容になったのではないかと私は考えています。裁くのは賢明な読者各位であり、またそれは、まさに「本書の力次第」でもあります。

その意味からも、拙稿に正対され、懇篤、入念なご意見をお寄せ下さった評者の各位に深い感謝を捧げます。貴重な御寄稿に接し、誠実、謙虚に拝読させて戴き、大切な今後の課題も自覚できた思いです。紙幅の制約もあり、私の感想や考えは述べられませんが、その任は賢明な読者各位に委ねたく存じております。更にもう一つ特に記して感謝申し上げたいことがあります。それは、拙稿の再掲載を心よくお許し下さった元『総合教育技術』編集長・小笠原喜一氏の御高配です。それがなければ本書の刊行は叶いませんでした。心より深い感謝を捧げます。そして、もうお一人、本書の刊行をお薦め下され、貴重な企画と編集、御括集を戴いた学芸みらい社の樋口雅子編集長に感謝申し上げます。多くの方々の御指示に伏して感謝を捧げます。

さて、結びに私の自戒とモットーについても触れておきたいと思います。本書の初出論題「本音・実感の教育不易論」にもあるように、「本音、実感、我がハート」が私の信条です。いつでも、どこでも一貫して、自分の本音を飾ることなく述べ、書くことを貫いて参りました。そして、その本音は、努めて物事の「根本、本質、原点」に立ち返って、確かめ、考え、検討して参りました。「根本、本質、原点」に立ち返り、「本音、実感、我がハート」に忠実である、という二点は、私の論考の「不変、不動」の姿勢であり、態度です。

しかし、反面では決して頑迷や傲慢に陥ることなきよう「誠実、謙虚」に「学び続ける向上的変容」を忘れまいとも心がけております。本書に述べている内容が、日本の教育の今後の進展、充実に些かなりとも貢献できますよう、諸賢の率直な御批判を期待しております。

目次

第Ⅰ章　野口芳宏の教育論

Ⅰ-1

基礎・基本の本質は「不変・不動」

まぶしい「新しい」スローガンの賞味期限

●野口芳宏の「基礎基本の本質は『不変・不動』」を読んで

歴史教育・社会科教育に不変・不動の基礎・基本など存在しない

第Ⅱ章　野口芳宏の「教師の資質・能力」論

Ⅱ－4

研究テーマ「各自の自由研究」が大ブーイング

子供に主体性・自主性を求めながら

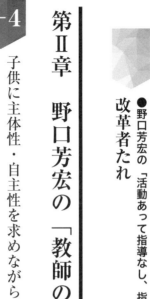

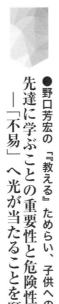

Ⅰ-1

まぶしい「新しい」スローガンの賞味期限

基礎・基本の本質は「不変・不動」

野口　芳宏

1　本音・実感、我がハート

「本音・実感、我がハート」というのは、私のモットーの一つである。「自分に正直でありたい」「自分に忠実でありたい」と思う。「落飾」という言葉がある。出家して仏門に入る時に、俗世の女のいのちである髪を落とすこと、剃髪することをいう。特に高貴な婦人についていうと解説する本もある。「虚飾を去る」という言葉もある。いずれも好きな言葉である。

この連載では、81歳になった私の教員人生の中で考え、感じ、思ったことを、専ら「本音・実感、我がハート」で、「虚飾を去って」書いてみたい。それは、およそ書誌学的、文献学的な類いではなく、体験的、経験的、主観的なそれに近くなる。

しかし、そのほうが読者との対話には血が通うようにも思えるのだ。現今、教育の現場、学校の職場ではとかく建前論、観念論、机上論が幅を利かせ、生々しい、本物の肉声が聞こえにくくなっているように思えてならない。肩の力を抜いて、本来の姿で、正直に教育を語り合える場も時に必要ではないか。そんな書きぶりを、どうか許してほしい。

「本音・実感、我がハート」を語る以上、批判、反論、叱責は覚悟の上である。率直な御意見を期待している。大いに議論を交わしたい。

2 賞味期限は10年間の「改訂」

さて、新しい学習指導要領が告示され、その全容がネット上で示された。ざっと10年間は今回の「主体的・対話的で深い学び」が、キーワードとして日本の学校現場を覆うことになろう。そのような名を冠した教育書が書店にたくさん並ぶことだろう。逆に、そのような言葉を冠しない本は片隅に追いやられることにもなりかねまい。今までと同様、それはずっと続いている現象である。

だが、10年先を考えてみよう。恐らくは「主体的・対話的で深い学び」と書かれた本は姿を消しているに違いない。ひととき、「アクティブラーニング」という言葉が巷に溢れたが、今では少し潮が引き始めているようだ。何と目まぐるしいことか。

　学習指導要領の改訂は、ほぼ10年ごとになされるのだが、つまりそれは、そこでの主義、主張の賞味期限はせいぜい10年くらいですよ、ということをも意味する。10年後には、次の新たなキーワードが現場を覆うことになる。その繰り返しで戦後の七十余年が過ぎた。それぞれの改訂によってもたらされた明確な教育上の成果、実り、向上はあったのだろうか。私には、明確なそのような自覚がない。どれも、これもスローガンで終わってきたとしか思えない。残念ながら、それが私の実感であり、本音である。

3　基礎・基本とは、不変・不動が本質

　義務教育の期間は9年である。この期の教育の本質を一言で言えば「基礎」「基本」の習得、体得ということである。「三つ子の魂百までも」というから、幼児教育もまた「基礎」「基本」を本質とすると言ってよいだろう。

　ところで、改めて「基礎」「基本」とは何なのだろうか。その「根本、本質、原点」「正体」は何なのだろうか。私は、ずばりとそれを「不変・不動」ととらえている。時間や空間や状況によって変わり、動くものは枝葉であり末節である。基礎や基本は、いかなる時、いかな

る場、いかなる状況にあっても不変・不動・不易をその本質とする。そうであってこそ、いかなる時、いかなる場、いかなる状況になろうとも、応用が自在にでき得るのだ。

このようなことは、むろんのこと文部科学省は承知の上で文部行政をリードしている。もはや少し古い文書であるが、次を引いてみたい。

「変化の激しい社会を担う子供たちに必要な力は、基礎・基本を確実に身に付け、いかに社会が変化しようと、自ら課題を見つけ、自ら学び、自ら考え、主体的に判断し、行動し、よりよく問題を解決する資質や能力、自らを律しつつ、他人とともに協調し、他人を思いやる心や感動する心などの豊かな人間性、たくましく生きるための健康や体力などの『生きる力』であると提言した。」

右は、「21世紀を展望した我が国の教育の在り方について」平成8年7月に中教審が答申した一節をまとめたものである。「基礎・基本を確実に身に付け」と真っ先に書いてある。しかし、学校現場や指導行政の世界では、その後に書かれている「自ら課題を見つけ、自ら学び、自ら考え」のほうに大きく軸足を移してしまい、前提の「基礎・基本を確実に身に付け」という件は忘れられがちだ。その後の長々と書かれている文章は要するに活用、応用、そして、その際の適用上の留意点である。それらの前にある最も大切な「基礎・基本を確実に身に付け」

という文言にこそ、我々は常に戻り、そこからの出発を心がけねばならない。不変・不動・不易の「基礎・基本」が不確実であれば、その後の実り、発展は全て危ういからである。

義務教育の期間の最大、最重要なことは「基礎・基本を確実に身に付け」ることであり、他のことは粗くいえば二義的、副次的なことだ。

道徳でいえば「善悪の弁え」こそが基礎・基本であり、「個性」や「多様性」は二義的、副次的なことである。学力でいえば、「読み・書き・そろばん」こそが基礎であり、「思考力・表現力・判断力」などはそれらの「応用・発展」の力であり、二義的、副次的なことがらだ、と私は思う。

4　忘れられない津波の被災地

親しい校長の案内で、3・11の大津波の被災地を訪れたことがある。「ここにはたくさんの人が住み、賑わっていた」と説明されたのだが、その面影は跡形もなく、寒々とした光景が広がっているばかりだった。息をのむ思いで、私は語を絶した。大自然の猛威を思い知らされたと言ってよい。

やがて落ち着きをとり戻した私は、その中からあるものに気づき、新たな感動を覚えた。

全てを奪い去ったかに見えた荒涼たる光景の中に、私は、不変、不動、いささかの揺らぎも見せないあるものを見出したのだった。それは、当時の、全くそのままで厳然としてそこに存在していたのだ。

それは建物の「土台」である。一戸一戸の家を支えるために、真っ先に地中に打ちこんだコンクリートである。全ての建物はこの上に建てられたのだ。そのいわゆる「上物」は跡形もなく消えてしまったのに、上物を載せていた土台は巨大津波にさえびくともせずに確実な姿をとどめていた。「これこそが基礎なのだ」と私は思った。義務教育である初等、中等教育はこうでなければならないのだ。

3・11のあの大津波の大天災の中で、被災者が整然と列をつくって水を待ち、食物を待ち、支え合い、労り合い、励まし合っている秩序は世界を驚かせた。日本人の公徳心の高さと確かさは世界の人々をして驚嘆せしめ、称讃を呼んだ。争いひとつ、暴動ひとつ起こりはしなかったのだ。

この、日本人の公徳心、礼儀、作法のDNAは、あのような混乱の状況下にあっても揺るぎなく発揚されたのであった。「疾風に勁草を知る」という語があるが、「勁草」こそが「基礎」の正体なのである。ちなみに「勁草」とは、風に強い草の意である。

義務教育の9年間に、本当に叩きこまなければならない「基礎・基本」とは何なのか。改めて考え合ってみたいことである。

5　古典の「不変・不動・不易」

たかだか10年の後にはさらに改訂をする学習指導要領の構造に目を向けてみたい。粗くいえば、改訂される部分と改訂されない部分を比べると、「大方は改訂されない」「改訂されるのはごく一部だ」ということになる。前者を不変部、後者を変化部と呼んでおけば、大部分は改訂されない不変部である。変化部はごく一部分だというのが、学習指導要領の改訂の構造的実態である。

それは当然のことであって、基礎教育を本質とする義務教育期間のカリキュラムが、がらりと全く変わるなどということはあり得ない。また、あってはならないのである。そうなると、「改善」あるいは「改訂」といわれる部分は、たとえてみれば「三日月部分」であり、そこは「変えてもさしつかえのない可変部分」だということになる。つまり、大部分が変えてはならない不変部なのだ。

そこで改めて考えてみよう。大部分の不変部Aと、三日月部分の変化部Bと、一体どっちが小、中学校では重視されるべきなのか、という問題である。当然それはAであろう。

ところが、鉦や太鼓で喧伝されるのは三日月部分、変化部、つまり「新たに変わった部分」なのである。実践者の意識も、指導行政の意識も「どこを、どのように変えなくてはいけないか」というところに大方の関心を向けてしまう。かくて、結果的に、不変・不動の「基礎・基本」が軽んじられ、枝葉の「新しい流行、新しい潮流」のうねりが大きくなるということになる。

根本、本質、原点、根幹という「不変・不動の基礎・基本」ということよりも、たかだか10年しかもたない「枝葉の流行」が現場を振り廻すことになるのである。結果として、子供らの学力も徳性も、改善、向上もないままに、空しく時が移り、流れていくのである。

『聖書』は永遠のベストセラーだといわれる。『論語』や『徒然草』に代表される古典も、時代を超えたロングセラーであり続けている。般若心経は、最も親しまれている経文の一つである。これら一群の「古典」の「改訂版」は出たことがない。何百年、数百年、二千年を超えてさえ一字一句変える必要がない。大古典は、大昔の言葉や思想が一字一句改められることなく21世紀の人々の生きる鑑として親しまれている。改めて考えてみるとなんとも凄いことだ。学習指導要領は、改訂のたびに「変化の激しい社会を担う子供たちに必要な力は」

という前提を打ち出している。このように言われると「変わらねばならない」「新しくせねばならない」「旧来はよくない」という考え方に方向づけられそうである。

義務教育の内実は、本来的には「いかなる時代が来ようとも」「自信に満ちて生きて行ける信念や知見」を与えることでなければならないはずだ。

「新しい」ということは、そのまま「時代の裁きを受けていない」ということでもある。だから、新しいことは危うく、脆く、当てにならないのである。「流行」「ブーム」は、基礎教育期にあっては本来的にタブーでなければならないはずだ。

いじめや子供の自殺や学級崩壊、校内暴力、モンスターペアレンツなど、学校が難題を抱えて悩み、先生方に元気がなくなっている。疲れている。これでは日本の教育はよくならない。——という訳で「教育と笑いの会」を岐阜聖徳学園大学の玉置崇教授と立ち上げ、名古屋、東京、小樽、会津若松などで開いている。毎回満席大好評で、みんなにこにこして帰っていく。その中で演ずるプロの落語はいつも「さすが!」と膝を打つ。その落語はちっとも「新しく」なってはいない。不変・不動の古典の技をきっちりと守り続けて滅法楽しめるのだ。新しさと共に、古典の価値にも注目したい(「教育と笑いの会」は15回を経て解散した)。

I-1

●野口芳宏の「基礎・基本の本質は『不変・不動』」を読んで

歴史教育・社会科教育に不変・不動の基礎・基本など存在しない

金沢大学名誉教授　村井　淳志

野口芳宏先生の「まぶしい『新しい』スローガンの賞味期限~『基礎・基本』の本質は『不変・不動』」を拝読した。新しい学習指導要領が出されるたびに「新しい」スローガンが打ち出され、それに右往左往している現場の混乱を嘆かれている点は全く同感。1990年代の「新しい学力観」、2000年代の「総合的学習の時間」、そして2010年代の「アクティブラーニング」「主体的・対話的で深い学び」…。正直、付き合っていられないというか、まともに論評する気も失せるような、教育現場を混乱させるだけの教育政策が次々と打ち出されてきた。自分の授業に自信をもっているごく一部の教師は、教育政策が変更される前からとっくに実践している場合が多く、「いまさら何を…。」という受け止めだろう。しかし多くのフッーの教師はそうはいかない。スローガンを自己目的化した、空虚な授業で嵐を凌ぐしかない。

野口先生の立論の構図は、「基礎・基本」という下部構造と、新しいスローガンの上部構造という二元論だ。不変の下部構造が重要で、ころころ変わる上部構造に振り回されるな、という論説だと理解した。しかし、である。事態はそれほどシンプルだろうか？

まず、「基礎・基本」は教科によって相当異なる。近代学校設置以前の、民衆の自発的教育要求としての読み・書き・算盤、つまり教科で言えば国語と算数には、確固たる「基礎・基本」が存在する（野口先生は国語教育がご専門だと伺った）。そして何が「基礎・基本」に当たるかについて、教える側と学ぶ側に共通の了解がある。だから野口先生がおっしゃる二元論が妥当する。

これに対して、私の専門である社会科や理科（対象認識教科）では、かなり事情が異なる（音楽、美術、体育の表現教科についてはいっそう異なるがここでは触れない）。

歴史に「基礎・基本」はあるのか？　というのは長年の論争の的であった。かつて遠山茂樹（『昭和史』などを執筆したマルクス主義歴史家）は、たとえ歴史学界内部で論争があったとしても、論争を通じて「共有財産」が蓄積していくので、それが歴史教育における「基礎・基本」となる、と論じた（遠山茂樹『歴史学から歴史教育へ』１９８０年、岩崎書店）。

しかし私は、全く同意できない。なぜか。それは私自身の、歴史書執筆の経験からだ。

私は、『勘定奉行 荻原重秀の生涯』（二〇〇七年、集英社新書）という本を執筆して以来、歴史学界では荻原重秀の再評価が大いに進んだ。かつてなら取り上げるに値しない無能で不正な官僚という評価が、世界に先駆けて名目貨幣の通用実験に踏み切った天才官僚という、一八〇度異なる評価に変わりつつあるのだ。この事例が示すのは、新しい研究が出れば出るほど、歴史において何を重要と考えるかという見方はどんどん多様化していく、という事実だ。

歴史教育や社会科教育には、実は「基礎・基本」といえるような、どんなに時代が変わってもこれだけは絶対に教えなければならない事項というものは存在しない。そのことは、中世史家の黒田俊雄によって40年近く前に、すでに指摘されている（黒田俊雄「歴史が変わるとき」『歴史地理教育』388号、1985年）。

ではどうやって、教育内容を決めればよいのだろうか？

決めるのは読者・学習者の興味関心である。読者・学習者が学ぶに値する、学ぶ意味があると感じる内容を選ぶしかない。先の遠山のような見解が客観的決定論・専門家決定論なのに対して、私が提示するのは主観的決定論・読者学習者決定論である。専門家である歴史家が、これは絶対に必要な基礎・基本だといくらいきんだところで、読者学習者の関心をひかなければ空回りするだけだ。子供の興味関心を最もよく知っているのは、他ならない教師である。

こう考えてくると、先の野口先生の議論は、あまりにシンプルすぎることがわかる。基礎・基本は不変だとドンと構えていればよい、で済むはずはない。むしろ教師たちは、現代を生きる子供たちにとって、何を取り上げることが、子供にとって意味があるのか、どう取り上げ、どうすればより興味関心に応えることになるのか、という永遠の問いと向き合っていかなければならないのだ。

ほとんどの現場教師は、「何を取り上げるか」は完全に学習指導要領任せ、教科書任せにしていて、この点では完全に思考停止しているのが通常だ。しかし私が評伝を書くまで荻原重秀にまったく無関心だったことからもわかるように、現代の歴史学、歴史教科書、学習指導要領などあまり当てにできないのが実際ではなかろうか。

ソビエト崩壊から30年以上が経過したが、依然として歴史教科書にはマルクス主義歴史学の残滓が色濃く残る。マルクス主義は単純な発展段階説なので、どうしても前の時代、前の時代を生きた人々に対する最低限のリスペクトがなく、それがかえってその時代その時代のリアルな認識を妨げている。それぞれの時代的課題と格闘した人々に対し、「時代的な制約があった」という無意味なレッテルを貼りがちだ。「昔の人はバカだった」という、傲慢で非歴史的な結論に陥ることもしばしばだ。

地球上で初めて、定住という極めて困難なライフスタイルに挑戦した縄文人に対して「農業以前」と呼ぶことがどれほど不適切か。ラテンアメリカで行われたスペイン・ポルトガルの残虐行為を熟知していた江戸幕府が、間接侵略であるカトリックの布教（スペインの植民地になったフィリピンで行われたことを想起せよ）を放置せず、悲壮な決意で鎖国（ポルトガル人追放）に踏み切ったことを孤立化や世界から取り残されたなどと評することがいかに不適切か。納税者による税金の使い道についての発言権要求運動である自由民権運動の結果、できた議会に納税額による制限があったことを貶めることがいかに不適切か。第二次世界大戦において本土地上戦という悲劇を回避、ポツダム宣言受諾に成功して多数の日本国民を救った日本政府の決定を当然視したり遅きに失したとする議論がどれほど不適切か。こうした日本の歴史学と歴史教科書の誤りを、子供と一緒に糺していく責務が教師にはあるのだ。

これらの問いはすべて、歴史のリアリティを回復する問いであり、子供たちにとってもすごく興味関心をもてるトピックばかりだ。授業を変えることで、日本の歴史教科書の記述に一石を投じてほしい。

I−2

子供中心主義がもたらしたもの
恩を教え、感謝を育む—根本、本質、原点への回帰—

野口 芳宏

1　日本民族の美徳、「謝恩、報恩」

「二恩」は、「父母の恩」「師と親との恩」であり、「四恩」は、「父母・国王・衆生・三宝の恩」と、広辞苑にある。

恩の字は、「頼る」を示す因と、心から成り、「頼る心」「頼る心の本になるもの」と石井勲氏は解説されている。

人は、例外なく様々な恩を戴き、その恩のお蔭で生きていける。恩人の筆頭は父母、両親であり、多くの人々つまり衆生に助けられて生活をしている。

そういう恩の有難さを知らず、あるいは忘れる者を先人は「忘恩の徒」「恩知らず」と呼んで人々は軽んじ、あるいは戒めてきた。

知識としての恩を知ることを「知恩」といい、恩の有難さを心に感ずることを「感恩」という。心に感ずるのみならず、その恩に有難いと感謝することを「謝恩」といい、そういう心を表明する感謝の会が「謝恩会」である。

ここまでは、受けた恩の存在や有難さを受けとめる段階であるが、さらに一歩を進めて、それらの恩に報い、恩返しをすることを「報恩」という。

日本人は、「恩」という観念を大切にしてきた民族であり、とりわけ「親の恩」や「師の恩」を大切にしてきた。子供は、親に孝養を尽くすことが美徳とされ、「親孝行」という言葉は誰一人疑うことなく重大な徳目として長く共有されてきた。「教育勅語」でも、孝は十二徳の筆頭に置かれ、それを疑う者は一人とてなかった、と私は考えている。

「恩師」という言葉は、ごく日常的に使われていた時代があり、学校を卒業する時には当然のようにどの学校でも「謝恩会」が開かれていた。

日本人は、「恩を知り、恩に感謝し、恩に報いること」を美徳とする民族として長い歴史を築き、そのことは開国以来日本を訪れた多くの外国人からも賞賛されることになった。

「養老乃瀧」というのは、最も古い居酒屋チェーンの一つとして知られるが、もともとの「養老の滝」というのは「孝子伝説」の一つである。酒好きの父親にたっぷりと酒を呑ませてやりたいと願いつつ、それが叶えられない身の腑甲斐無さを託《かこ》ちつつ、日々を励んでいた息子が偶山《たまたま》で足を辷らせ谷に転落してしまう。ようやく立ち上がったのだが、近くに芳香を放つ滝があり、その滝の水を口にすると何とも美味この上ない酒であった。

彼がそれを汲んで家に待つ父に供すると、父親が大喜びで「もう十分だ」と言うまでにこの滝の酒を堪能した。この話を伝え聞いた元正天皇は男の孝心を愛でてこの滝を「養老の滝」と命名し、さらに年号までも「養老」と改めた、と伝えられる。

私が子供の頃には、孝子伝説としての「養老の滝」は広く知られていた。「講談社の絵本」の一冊にも『養老の滝』が加えられていたほどであるが、この原話を知る者はほとんどいない。今や「養老の滝」という言葉は居酒屋チェーンの名としてしか知られていないだろう。時代も、世情も大きく変わってしまった。

さて、この時代風潮、世相をどう見るか、ということを問題にしてみたい。

2 「恩」を知れば「感謝」が生まれる

日本人は、感謝を「有難う」という言葉に托す。英語のサンキューは、「あなたに感謝します」という意味であり、中国語の謝々も、ドイツ語のダンケも同様である。これらの語は、まことに明快な感謝の伝達語彙であるが、日本語の有難うとは些かニュアンスを異にする。有難う、というのは、もともとは「有り難し」「在ること難し」が語源とされている。これは、現在眼の前にある状況や事態が、当然のこと、当たり前のことではなく、それらは本来「有ること難し」、つまり「滅多にないこと」「稀有の出来事」なのだ、という認識に立つ言葉である。

換言すれば、日本人は、万象を当然のこととして受けとめるのではなく、大いなる存在の恵みとして受けとめて感謝を表明する民族なのだということもできよう。

人様から親切にされたり、何かを頂戴した時に、それを「稀有な出来事」「滅多にないこと」つまり「有り難いこと」と受けとめる。何か大いなる力、大いなる恩恵によって得られた恵みとして解し、受けとめるのだ。さらに換言すれば、全ての事象に「恩」を感じ、「恩」として受けとめ、その発露を「有り難う」という語に托すのである。

日本の宗教は「多神教」といわれ、「八百万《やおよろず》の神」が自然と共にあると考える。山の神、海の神、田の神、川の神、天の神、地の神、木の神、水の神、道の神といった具合である。これらの多くの神によって護られていると考え、それらの恵みを有難い大恩として受けとめるのである。

このような考え方、受けとめ方、見方をすることによって、心が和み、和らぎ、温かくなってくるのである。「恩の教育」は心を健康にする。「恩」を知り、「恩」を感じとる時、人の心は自然に「感謝」に向いていく。恩に気づけば感謝の心が育つのだ。

いつでも「感謝の心」でいられる人は幸福である。自分の人生の来し方を顧みて大方が感謝に彩られていたならば、その人の来し方は幸せであったと言える。反対に、不平や不満で満たされているとしたら、その不平や不満がよしんば正義だったとしても、その人の人生が幸福だったとは言えまい。

「感謝」は、自分への数多の大いなる「恩」への気づきによって生まれてくるものなのだ。その故にこそ、「恩の教育」、「感謝の教育」が大切になるのだ。これらは、自然に生まれてくる感情、心性だとは言えまい。意図的な教育によって育てるべきものであろう。

3 親に感謝する「孝心」の意義

小学生でも大学生でも、「あなたを最も大切にしてくれる人は誰か」と問えば、ほぼ全員が「親」と答える。正解である。親以上に子供を愛し、育てられる存在は一般的にはないと言えよう。その故にこそ、教育勅語では「爾臣民《なんじ》父母ニ孝ニ」と、父母への孝養を徳目の筆頭に示したのである。

「父母二孝二」という、この言葉一つの意味と重大さを、本当に子供の心に教え、植えこむことができたとすれば、現代の日本に生起している多くの不祥事は激減するだろうと思う。「父母への孝養」「父母の大恩への気づき」は、それほどに重要な教育だと私は考えている。「孝行の本質」は何か、という問いに対する正解は、「心配をかけないこと」だと私は教えられたことがある。名答、至言である。

親は、子供のことがいつも心配になる。愛すればこそ、期待すればこその親心である。このような親の愛に気づき、親の心がわかれば、その親に「心配をかけない」ということが子供にとってどんなに大切かがわかるはずだ。

適切な例とはいえまいが、世間を驚かすような大罪、犯罪、不祥事が生起するたびに、私は、それらを犯した者の親の苦悩を思うようになった。犯罪者への怒りは言うまでもないが、それを知った親の苦悩はいかばかりであろうか、と思ってしまうのだ。「世間に顔向けができない」という言葉があるが、犯罪者の親の大方は、こっそりとどこかに転居してしまうようである。夫の不始末の生んだ不名誉に自殺をした妻もいる。犯罪者以上に、犯罪者以外の人を苦しめることになる例は多い。

「いじめ」の問題が、依然として解消しない。いじめをするような子供は、例外なく「孝心」

を欠いているに違いないと思う。いじめという非行はその親を悲しませ、苦しめ、辛くさせることになるからだ。親を悲しませることに耐えられない子は、親を悲しませるようなことは決してしないだろう。

警察の青少年課の方の話を時々思い出す。女子高生数名が万引きをして捕まった。一人だけ万引きをしなかった生徒がいたので理由を問うと、「お母さんの悲しそうな顔を思ったらできなかった」と答えたそうだ。そこで、他の生徒に同じ問いをしたところ、「思い出したらよけいにやりたくなった」と答えたということだった。これは、「孝心」の有無がどんなに大切かを考えさせる一つの材料になると思う。万引きをした生徒は、事の善悪を知らないのではない。悪であることは熟知している。だからこそ「見つからないように」やるのだ。知的に欠けているからの事件ではない。問題なのは、親の恩、親の有難さへの無知、無関心である。

小学校長の時に、卒業生数名が休日の小学校に来て母校の飼育舎を壊したり、電灯を割ったりした事件があった。中学校長に話して親子で謝罪に来るよう求めた。一組の親子だけが来校し、私に謝罪をした。その後で、私は「校長の私への謝罪はこれでよい。だが、君が本当に詫びなければならないのは、お父さんに対してだ。お父さんは、君に立派な人間になってもらいたくて毎日働いているんだぞ。そのお父さんにこんな心配をかけては申し訳なかろう。ここでお父さんにお詫びしなさい」と話した。

この言葉に彼ははっとしたようだったが、ためらいがちに立ち上がった。が、「お父さん、すみません……」と言い終わらぬうちに、わあっと泣き噎（むせ）んだ。父親も立ち上がり、涙ぐみながら、我が子の肩を両手でつかんだ。私も目頭を熱くした。彼の家は父一人、子一人の父子家庭だったのだ。

親の恩の有難さを、心の底から知らしめれば、子供はかなりまっすぐに成長するのではないかと、この一件を通しても私は強く思ったことである。

4　教育再興の鍵は「恩」の教育

戦前の教育は、と、つい言いたくなるのも老化の兆しかもしれないが、戦前の世相では「親孝行」という言葉は一つの常識として共有されていたように思う。反対に、「親不孝者」の親は、世間に顔向けができないという風潮があった。親不孝は、恩知らずであり、忘恩の徒は世間の指弾を受けた。

家長制は封建的として廃され、「孝」の教育も戦後は急速にトーンを落とした。昔の子供は、親と教師を敬しつつも、一方では恐い存在として受けとめていた。子供にとっては親や教師はいつもかなり「恐い存在」であった。だから、昔の子供は親や教師の言うことには素直に従い、従うことによって様々な人間としてのあり方を学んでいけたのだ。

今の子供らは、親や教師に親しみ、軽んじこそすれ、恐がってなどいないようだ。反対に、親も教師も子供を恐れるようになった。「叱る」ことが「悪」とされ、「叱らない教育」が善として広まり、傍若無人の勝手者が跋扈するようになった。体罰根絶が徹底し、それを嗤うかのように対教師暴力が増えてきた。

子供の主体性、自主性、自発性が尊重され、個性と多様性の重視が奨励されている。指示や命令や強制には子供の納得が必要とされる風潮にもなった。一言でこれらの傾向を「子供中心主義」と呼んでいる。

さて、それらによって現代の子供は幸せになったか。幸せになっているか。否、である。欲望と自分本位が許容された子供らは、常に不平と不満といらいらを募らせてはいないか。不登校、中途退学、いじめなどを減らすべく諸策が云々されるが効果は殆どない。

「恩」の恵みの有難さを心の底からわからせ、「感謝」の心性を育む教育を欠いた対症療法的弥縫策をいくら弄しても、現代の教育の昏迷は救えまい。恩を教え、感謝の心を育む根本策への回帰を強く訴えたい。

●野口芳宏の「子供中心主義がもたらしたもの」を読んで

「未熟な子供は『教育』によって初めて人間となる」という野口流教育論の神髄を味わってほしい

小学館　元「総合教育技術」編集長　小笠原 喜一

編集者として『総合教育技術』誌およびウェブサイト『みんなの教育技術』で、国語教育・道徳教育の重鎮である野口芳宏先生と関わらせていただいてから、もう十年以上がたつ。野口先生がよく文章で引用される言葉に、ドイツの哲学者カントの次のような言葉がある。

「人は人によって人となる」。

この言葉の意味は、すなわち

「生物としてのヒトは教育によって人間になる」

という意味である。

経験に乏しく、知識も少なく、未熟・未完な存在である子供は「教育」によって初めて自立した「人間」となる。ゆえに「先生は教える」「子供は教わる」という教育の根本的大原則を忘れてはならない。

これこそが野口先生の教育論の根本・本質・原点となる考え方であると言っていいだろう。未熟な存在である子供は「教育」によって初めて「人間」となる。したがって「子供中心主義」では真の教育はできない！　という考え方である。

本稿で論じられているのは、子供たちに「恩」を教え、「感謝」を育むことの大切さである。

野口先生は言う。

〈いつでも「感謝の心」でいられる人は幸福である。自分の人生の来し方を顧みて大方が感謝に彩られていたならば、その人の来し方は幸せであったと言える。反対に、不平や不満で満たされているとしたら、その不平や不満がよしんば正義だったとしても、その人の人生が幸福だったとは言えまい。「感謝」は、自分の数多の大いなる「恩」への気づきによって生まれてくるものなのだ。その故にこそ、「恩の教育」、「感謝の教育」が大切になるのだ。これらは、自然に生まれてくる感情、心性だとは言えまい。意図的に教育によって育てるべきものであろう。〉

野口先生は私によくこうもおっしゃる。

「小笠原さん、学習指導要領改訂といって10年ごとに大騒ぎになりますが、改訂されるのはいつも月でいえば三日月の部分だけなんですよ。三日月が流行でその他の部分が不易。不易が大部分なのに、いつも三日月だけが注目されている」。

教育DX、個別最適化、インクルーシブ教育…もちろん大切だろう。しかし流行のみに振り回されて根本・本質・原点である不易を忘れるのは本末転倒だ、と野口先生は強調する。

〈子供の主体性、自主性、自発性が尊重され、個性と多様性の重視が奨励されている。指示や命令や強制には子供の納得が必要とされる風潮にもなった。さて、それらによって現代の子供は幸せになったか。幸せになっているか。否、である。欲望と自分本位が許容された子供らは、常に不平と不満といらいらを募らせていないか。不登校、中途退学、いじめなどを減らすべく諸策が云々されるが効果は殆どない。「恩」の恵みの有り難さを心の底から分からせ、「感謝」の心性を育む教育を欠いた対症療法的弥縫策をいくら弄しても、現代の教育の昏迷は救えまい。恩を教え、感謝の心を育む根本策への回帰を強く訴えたい。〉

88歳の教育界の至宝の問題提起に、若い先生方もぜひ耳をかたむけてみてほしい。

I−3

「拙い音読」にみんなで拍手の常態化
活動あって指導なし、指導あって教育なし

野口　芳宏

1　従前、現今のままではいけない

「働き方改革」という言葉が流行しているようだ。日本の小、中学校の教員は、世界一労働時間が長く、全般に過労、疲弊の度が高いともいわれている。そのことによって子供の学力、徳性、体力等が他国に比較して向上していれば何よりなのだがそうはなっていない。

いじめ問題も、校内暴力も、学力向上策も、依然として好転の兆しが見えない。つまり、それは、今のままのあり方を続けていっても駄目だ、ということだとも言えよう。そう考えるべきではないか。

「今のままのあり方」とはどういうことなのか。たとえば、多忙、働き過ぎ、遅い帰宅、いつも仕事に追われ通しというような現実を指す。また、授業、指導、教育活動、いずれにつ

いても「今のまま」でよいのだ、ということにはなるまい。

現在の全てを否定する、などということを言っているのではない。「これでよい」と思ってやっていることの、「見直し」と「改善」を真剣に考え、具体化すべきだということが言いたいのである。

次のような言葉を耳にしたことがあるだろうか。今回は、この言葉の意味の重さについて考えてみたい。


授業あって指導なし。

指導あって教育なし。

教育あって人間形成なし。


三つに共通する原理は、次のようにまとめられるだろう。

「形の上ではそれらしいことをしているのだが、その目指す実際の価値が具現されていない」

つまり「有名無実」「仏作って魂入れず」という現実なのだ。この現実原理にメスを入れて考えてみなければなるまい。

2　授業あって指導なし

「授業をしていますか」と問われれば、現職の教員の全てが「しています」「やっています」と答えるだろう。つまり、行動としての授業、形態としての授業は毎日、毎時どの学校でもなされているということである。

だが、それらの授業が本当に「指導」となって機能しているか、という問いを自分に向けたとき、胸を張ってどれだけの教師が「然り」と答えられるだろうか。

苦労して物事をほとんど達成しながら肝要の一事を欠くことのたとえ。

この文言は、ある諺の解説文であるが、元の諺が思い当たるだろうか。教師にとって毎時間の授業は決して容易なことではない。それを、毎日毎日やり続けるのはかなりの負担であるが、例外なく全ての教師が日々それをやってのけている。凄いことだ。まさにそれは「苦労して物事をほとんど達成しながら」という表現にぴったりだ。

だが、それらの成果は、となるとどうも捗々しいとは言えない。苦労に値する効果が生まれているか、と問うと、残念ながらそうは言えない。

この状況を端的に言ったのが「授業あって指導なし」という言葉である。授業は確かになされているのだが、子供の学力や社会性や徳性を育み、高める「指導」になっているか、というと必ずしもそうではない。

ある教室に入って授業を見る。教師が子供に向けて話している。先生に正対し、正視している子も何人かはいる。だが、足を投げ出した姿勢の子、手いじりをしている子、頬杖を突いて窓の外をぼんやり見ている子もいる。だが、授業は授業として進行しているのだ。

教室の板書を写す子もいれば写さない子もいる。何となく教室全体が緩んでいる。しかし、授業は進められている。

ある子供に音読をさせる。声は小さいし、口を開いていない。張りがない。だが、その子の拙い音読が終わると、みんなが思い出したように一斉に拍手をする。ほとんど意味のない反射的な行動である。拍手された子供は救われたように少し笑顔になる。

こういう状況は決して珍しくはない。これが「授業あって指導なし」という状況なのだ。なぜ、声が小さく、張りのないぼそぼそ音読を教師は「指導」によって改善しようとしないのか。「今の音読は、Aか、Bか、Cか」と、なぜ評価させないのか。「どこを、どう直せば、もっとよい音読になるのか」と、なぜ問わないのか。

足を投げ出して授業を受ける「心の緩み」をなぜ改善すべく「指導」しないのか。

こんな様子の、こんな調子の「授業」をいくら続けても、教育の成果、指導の成果は生まれまい。「授業」は確かになされているのだが、子供を何ら「向上的変容」に導くことにはなっていない。「苦労して物事をほとんど達成しながら」というのはこういう状況を指すのだ。

これでは「肝要の一事を欠く」ことになる。何のための授業なのか、という授業の「根本、本質、原点」が忘れられている。38ページで問うた諺は「仏作って魂入れず」である。前述したような「緩んだ授業」にぴったりの「頂門の一針」とすべき諺であろう。

3　指導あって教育なし

授業は、指導方法の一つである。指導の中の一つに授業が含まれるのだから、授業はすべからく指導でなくてはならない。指導は授業の上位概念であり、下位概念の授業は指導のために存在すると考えるべきだ。

同様に、指導はまた教育の一部分である。教育は指導の上位概念であり、全ての指導は教育になっていなければならない。指導はしているが、教育にはなっていないというのでは何のための指導なのか、ということになる。

クラスのいじめが発覚したので、加害をしていた子供に「やってはいけない」と強く「指導しました」と担任は言う。クラスの他の子供にも「いじめをしてはいけないと指導をしました」とも言う。

ところが、間もなく、また別のいじめが発覚した。担任は、また「指導」をしたけれども、捗々しい成果はなく、教室が次第に荒れを強めていった。

「指導」はしたのだが、その効果はあまりないままに荒れを強めていった。これが、「指導あって教育なし」ということなのだ。

「指導」とは、そもそも善悪、正誤、良否を明確に「指し示し」、善、正、良の方向へ「導く」ことによって成立する。それが「指導」の本質であり、正体である。口先で「いじめをするな」と言っただけでは「指導をした」ことにはならない。

また、「叱る」と「指導」も異なる。叱ることも指導の一つと言えないことはないが、叱っただけでは指導にはなるまい。叱る、ということは短時間の断片的行為であるが、一般的に指導というのは継続的、統一的である。指導した後の経過や変容にも着目、注目し、やや長期に亘って導き続けることが指導なのである。

さて「指導」が、確かな「教育」になるとはどういうことであろう。むろん、優れた指導は当然教育になるはずだ。だが、教育にならない「指導止まり」もある。それではいけない。

「教育」は、一般に「教え育てること」と解されている。「教える」というのは、「分からせること」である。「分かる」というのは、教える側のレベル、内実が、教わる側に「分かれていく」ことであり、それは、教わる側が教える側と同質のレベル、内実を持たないと成り立たない。水と水、油と油なら「分かれていく」こと、同じものに近づき同化することは可能だが、水と油では同化、一体化は不可能である。

教育というのはこのように、教師の言うこと、教えることが、子供の側に「分かれ」「同化し」「吸収され」、その結果、子供が「育てられ」あるいは自ら「育つこと」である。言葉上伝えたことをもって「指導した」と考えるレベルでは、「指導あって教育なし」と言われても仕方があるまい。

4　教育あって人間形成なし

昔のことだが、某市の中心にある小学校と中学校が、同時に当時の文部省の道徳教育の研究校として2年間の指定を受けたことがあったそうだ。両校とも、伝統のある中心校、名門校で、そこの校長は地域のトップリーダーとして知られた人が代々務めることになっていたそうだ。

3年後には、大々的な公開研究会によってその成果を広く知らしめ、以って地域の道徳教育の振興に寄与するということになっていた。文部省からも直々に指導が入り、県教委も市教委も全力を挙げてこれを支援し、現場の先生方も朝早くから夜遅くまでその成果を高めるべく、また、よく努力して期待に応えるべく実践に励んだ。かくて、盛大な公開研究会と立派な研究冊子が完成し、成功裡に当日の大イベントが終了したのだった。

それで全てが終わったならば、万々歳ということになるのだが、その後で奇妙な噂が立った。子供が荒れ始めたというのだ。大イベントが終わり、年度も変わり、多少の教員の異動もあってからのことである。とりわけ、イベント後にその「研究指定校」に新しく転勤した先生方が、「これが、道徳研究を続けてきた学校か」と異口同音に呟いている、ということだった。

噂を裏づけるような小さな事件もいくつか発生したようである。だが、実はこのような事例は決して珍しいことではなく、どこでも似たような現象が生じているということも聞いたことがある。

「教育あって人間形成なし」という言葉は、こういう事例を伝えるときによく耳にする。形の上の「教育」は、立派になされ、それなりの「成果」もあったのだろうが、「本物の成果」とは言えない、というのである。考えさせられる残念な話である。

5 「伝達」から「感化」「影響」へ

「活動あって指導なし」という言葉は、招かれた学校の授業を参観した後で私自身がよく用いるものである。「授業」も、「指導」も「教育」も「研究」も、粗くまとめれば、「教師の教育活動」ということになる。つまり教師はいつでもどこでも、教育という「活動」をしているのである。活動に始まり、活動に終わる日々である。

しかし、それらの「活動」が、本物の「成果」となって実っているか、というとどうもはっきりしない。「活動」自体は高く評価されるのだが、その実り、結果、成果という段になると見えにくくなってしまうのだ。

その打開、解決のポイントはどこにあるのだろう。ずばりと言えば、「活動」を「伝達」レベルで終わらせることなく、「感化」「影響」のレベルにまでを目指すことだ。「伝達」されたものは、いつかは剝げ落ちる。「伝達巧者」の技術は高く評価されるべきだが、それで終わってはいけない。やがて剝落するものだからだ。

それに対して、「感化」され「影響」を受けたことがらは、その子供の体の中に潜りこんで血や肉となり、あるいは心の支えとなり、その子の生き様を向上的に変容させ、創り出していく。子供の頭に理解させるにとどまらず、心の中に食いこんで、その子供の一部分になるようなレベルの授業、活動をしなくてはならないのである。易しいことではないが、心がけて励まねばならない。

I-3

●野口芳宏の「活動あって指導なし、指導あって教育なし」を読んで

改革者たれ

TOSS副代表／NPO法人埼玉教育技術研究所代表理事　長谷川博之

1　制度を変えても教育は良くならない

令和5年10月半ば、野口芳宏氏との「対談」に恵まれた。その際、野口氏が披露した主張の一つがこれである。

「制度を変えて教育が良くなった試しがない」

学力調査の結果は下がり、大学生の学力も下がり続け、いじめは増え、不登校は激増し、

小学校における暴力行為も増加の一途、少年の刑法犯も増えている。氏は嘆息しつつ具体的事例を挙げていった。

新たな取組みは常に仮説である。仮説であることが悪いのではない。検証されず、反省もされず、誰も責任を取らぬまま、ビルド&ビルドで施策が増えていく。それが元凶だ、と私も述べた。

ほんとうに子供の未来を思っている人は、思いの外少ないのではないかと思わざるを得ない。

教師にこそ、曇りなき目で目の前の現実を見つめる姿勢が要る。

教育は人なり。結局、この一点に尽きるのだ。

2　必要なのは上辺の改善でなく、改革である

「働き方改革」というが、知る限り行われているのはソフトの改革ばかりである。「働き方」（技術、技能）に偏っているのだ。

しかし、一言で教員といっても実力は千差万別である。やれと言われてもすぐにはできないことのほうが多いに違いない。ソフト面ばかりいじろうとすると、実力のある人は楽にな

るが、いまだ低い人は苦しいままという分断が広がりかねない。

今為すべきはハードの改革であるはずだ。様々な分野で、旧来の枠組みを見直し、根っこから改革するのである。

勤務した某学校ではこの視点でスクラップ&ビルドを進めた。中心は教務主任と長谷川（研究主任兼学年主任兼担任の立場で）であった。

たとえば、埼玉県内ではおよそ5月初めから9月末まで18時を完全下校とする学校がほとんどである。中には18時30分や19時に設定している、異常な学校もある。そういう学校は往々にして学力が低く、不登校が多いのだが、反省の色は見えない。

16時前後に帰りの会が終わる。それから2時間部活動に取り組むのである。教員は部活指導を終え、18時過ぎから教材研究や諸事務に着手する。これで「残業時間を減らせ」と言っても無理な話である。仕事の速い実力者は早く帰れても、経験の足りない若者などは退勤が遅くなる。

元凶は「完全下校18時」というハードにあるのだ。そこにメスを入れずに、「働き方」にばかりフォーカスしても何も変わらない。できる人間はできる、では駄目なのだ。自分自身ができる人間なのならば、なぜもっと全体最適を目指さない。既得権益にすがるだけの教師ほど愚かな存在はない。

我々は今年度完全下校時刻を30分早め、17時30分とした。しかも、最大でその時間なのであり、いくらでも短縮してかまわない、と明記した。ハードを変えたのだ。当時としては例外的な改革であった。

結果、教員の帰宅時間が早くなった。生徒を30分早く帰しても、相変わらず20時、21時まで残っている人にならば、「もう少し早く帰りましょうね。」と言ってもいいだろう。何も変えずに要求だけしても、鼻で笑われて終わる。

ちなみに、正規の終業時刻は16時45分である。17時30分まで部活指導を「させる」ことは、毎日毎日最低45分間の残業を「強制」していることに他ならない。まだまだ変える余地はある。いや、余地などと言っている暇はない、変えていく義務があるのだと、心ある仲間と語り合ったのを思い出す。

3　向上的変容の実現に真っ直ぐになる

野口氏の『授業で鍛える』に感銘を受け、著作集全巻を入手して読み込み、野口塾にも参加して模擬授業をし、指導をいただいてきた。『授業で鍛える』との出逢いから二十数年、今も国語の時間、次々とドラマが生まれている。

たとえば入学後1年6カ月を経て、初めての「漢字テスト100点」を取った子供がいる。彼の日記は入学後8カ月間平仮名オンリーだった。すなわち小学校の教育漢字がほとんど書けないのだ。それでいて中学校で習う常用漢字で100点満点を取る。

たとえば同じ月日を経て、初めての「単元テスト100点」を取った子供がいる。ある小学校の、ナンバーワンのやんちゃ坊主だ。入学後も授業妨害で複数回指導を受けた。その彼が満点である。

たとえば「指名なし発表」「指名なし討論」という、完全に自由意思に任せられた空間の中で、初めて自らの意思で立って発言した子供がいる。それこそ何人もいる。

学年で最も学習を苦手とする子供が、原稿用紙18枚の評論文を執筆した。

入学後、歩みを共にしてきた者として、それらの一つひとつに心底感動している。

成果が上がるまで続ける、本人のその努力を支え、励まし、時に叱り、喝を入れ……。そのような絶え間ない営みの果てにこそ、偽りのない感動が待っているのである。

「やればできる」という言葉を慰めのように、あるいはリップサービスのように何万遍繰り返しても、現実は変わらない。

重要なのは、「やったらできた」という人間の事実を、可能ならば同級生の事実を、一つでも多く生み出し、眼前に示し続けることである。

それが、我々指導者の仕事の根っこである。

「授業あって指導なし」「指導あって教育なし」「教育あって人間形成なし」

上辺をなぞるような、形式的な仕事をいくら重ねても、子供の向上的変容は生まれない。

氏の腹の底からの憤りを我が事として受け止め、教育の事実を追求していきたい。

Ⅱ−4

子供に主体性・自主性を求めながら
研究テーマ「各自の自由研究」が大ブーイング

野口　芳宏

1　教師の「自由研究」への不評

校長初任の思い出である。「野口先生が今度の校長だ」という噂とともに、「きっと国語の研究をやらされるぞ」という噂も広がったようだった。

私は、初任以来ずっと「右手だけは常に国語教育の綱を握る」と心に決めて歩んできたので、それは無理からぬ予想ではあっただろう。

だが、私はもともと、自分にその気がないのにやらされる仕事は「本物にならない」と考えていたので、私自身はそう考えてはいなかった。

しかし、教員は公務として、自分の望まない「やらされる仕事」にも当然従わなければならない。私はそれらについては「左手で」関わり、利き腕の右手は「常に国語教育の綱を」と自戒してきたのだ。左手だから「適当に」というわけではないが、常に自分のテーマは持ち続け、磨き続けようとしてきたということである。

さて、校長初任校の研究テーマは、「各自が今までやりたくてもやれずにきた研究テーマを主体的、自主的、自発的に決め、それぞれが自由に実践研究をする」という、「各自の自由研究」とした。これは、学校経営方針の「自主、自立」という子供の理想像とも合致するので、好テーマと言える。どの先生方もほっと胸をなで下ろし、喜んでくれるに違いない。私は、そのように期待し、想像もしていた。

ところが、これが意外なことに頗る不評を買う結果になって驚いた。「やっぱり、今までのように研究テーマを統一してくれたほうがよい」「教科や領域を絞ったほうがよい」ということなのだ。

よくよく聞いてみると「自分が特別に研究したいことなんてない」「何をどうすればいいのかわからない」「今までそんな研究はしたことがない」というような理由だった。

「右手で握り続ける綱」など大方の教師が「ない」というのだ。

私は驚きもしたが、「そんなものだろうか」とも思った。これは恐らくどの学校にも大方通ずるごく一般的な傾向なのかもしれない。

では、絞るべき一つの教科、領域は何にするか、ということになると、いろいろな意見が出て、なかなかまとまらないのはどの学校にも通ずることだ。つまり「不平や不満、文句」は言うけれど、「では自由に」ということになると腰が引ける、というのが偽らぬ学校現場と教員の実態なのだ、と改めて私は思わされたことである。

だが、私は、そうであるならなおさらのこと、「校長が私だからこそできる」未経験の「自由研究」に挑ませたいと決めた。在任の2年間をそれで貫いた成果を、これまたありきたりの研究紀要でなく、「実践ノート」と銘打って収録し、雑誌に紹介したところ、ぜひ見たい、読みたいという多くの希望者があって読まれ、喜ばれた。当時にあっては注目された実践であったからだろうが、小稿の目的は別にあるので、これ以上の報告はしない。

2　子供に求める「主体性、自主性」

戦後の学習指導要領が一貫して子供に求めてきた理念に「主体性」「自主性」がある。特別の教科道徳についての中教審の答申の中の次の文言は、「解説」の2ページでも特に大切なこととして引用されている。

特定の価値観を押し付けたり、主体性をもたず言われるままに行動するよう指導したりすることは、道徳教育が目指す方向の対極にあるものと言わなければならない。

ここでも「主体性」が強調されている。「言われるままに行動するよう指導したりすること」は、どうやら「よくないこと」「やってはいけないこと」らしいから、私などは随分戸惑ってしまう。

子供を教育する場面では、「主体性」を求め、育てることが常に賞揚されているのに、その指導者である教員自身の「主体性」に至っては冒頭に紹介したとおりなのだ。大人でさえ、教育者でさえ身についていない「主体性」なるものは、それほど子供らにとって大切なことなのだろうか。

前にも書いたことなのだが、子供という存在は、「知識も経験も乏しい未熟体」つまり「無知未熟」をその本質とする。

この言い方には反発され、袋叩きにもされそうだが、そうであるからこそ「教育」が必要になるのである。間違いあるまい。その「無知未熟」の「主体性」や「自主性」や「自発性」を過大評価するのは危険であるよりも誤認、誤解だとは言えないか。

さらに言えば、戦後70年に余る日本の教育は総じて「良い実り」を生む「良い方向」に進んできたと言えるのか。反対に、むしろ「良くない方向」に進んできてはいないか。

多くの場で、「日本の教育はこのまま進んでよいと思うか」と問うと、ほぼ全員が「否」と応ずる。私も同感である。

では、その元凶は何か。どこに要因があるのか。私は、ずばりそれを「子供過信」「子供天使観」「子供中心主義」という考え方にあると考えている。そんなことを考えていた私が、はたと膝を打った論考に出合ったので抄録しつつ、私の考えも記してみたい。これこそが「不易の論」だと思う。

3　小ざかしい自力よりも受動性

> ものごとは、受け身の姿勢で取り組んでいてはならない。主体的であるべき。

右は、小学館の月刊PR誌『本の窓』（現在はネット配信）に、平成27年から29年に連載された小池龍之介氏（僧侶）の平成27年11月号のテーマである。

「私たちは子どものころから、自主的であれとか、主体的に動けとか、そういった教育を受けて育ってまいりました」という書き出しで論考が始まる。これは、そのまま戦後70年の教育の総括と言ってもよかろう。

この冒頭に対して小池氏は続ける。

「そうした価値観の延長線上には、受け身の姿勢でものごとを待ち受けているのは、愚か者ややる気のない怠惰な者のすることだ、という考え方があるように思われます。」

これもまた、戦後の教育思潮を総括しているように私(野口)には思われる。この底流には「言われるままに行動するように指導」され、そのようにしたために、戦争、敗戦という悲劇が生まれたのだ、という戦前、戦中の教育思潮への反動的思考があるようにも思われる。

まずは、「受け身である、イコール怠惰」というイメージから小池氏は「吟味」を始めている。

そして、小池氏がしている執筆も、講演も、出演も、依頼を「引き受ける、きわめて受動的」なものだと書く。檀家から頼まれるお寺の仕事もするが、「何かしらの仕事をし続けているのは怠惰とは言えまい」と氏は言う。「私が主体的にどう思うかは置いておいて、自分に運命として課された試練に、ちゃんと付き合い切ってみようと思っているから」引き受けているのだそうだ。よくわかる。

続けて、大略次のように言っている。

「ランチをとるのも、掃除をするのも、よいタイミングでやり終えたという満足感と充実感が残り、次になすべき課題を求めるようになる。つまり、より受動的になり、次の仕事が見えてくるのだ」――要するに、空腹や、片づけたいという思いを受けとめて、それに従っているることの連続が日常であるが、それは「受け身」イコール「怠惰」という考えが誤りであることの証しだという訳である。

疲れてきた時には「休む」というのが「受け身」であり、望ましいのだ。ところが、「締め切りに間に合わないから」と、「主体的に」なって無理をすると、「休め」というややきつい指令が「体調を崩す」という形で下りてくる。すると、「療養」という形の「受け身」にならざるを得ない。「主体性、自主的」よりも「受け身」のほうが総合的には社会的貢献になるのだ。やがて元気になったら、それは自然が再び我々に「元気で働け」と指令を下したことになる。それに従って働くのは「受け身」なのだ。氏は次のようにまとめる。

> ですから「受け身」とは、刷りこまれたイメージとはずいぶん異なり、たしかに休む時は休むのですが、働く時は、その時その時の最適のリズムで、働き切るのです。

うん、うんと頷きながら、背中を押されるような思いで読み進めると思い当たる。執筆が思うように進まない時がある。一休みすると、あるいは諦めて別の仕事をしてから再び取りかかると、意外に効率が上がることがある。これは、私の力というよりも自然からの指令に私が「受け身」になったことによる功なのだ。小池氏は言う。

よく、他力本願なのは自分でやらないからダメだ、などと言われがちなのですが、本当の意味で「自力」という小ざかしさを捨てて、「他力」という自然の力に身を委ねるようにすることが大切です。

これが「受動性の秘訣」だと小池氏は言うのである。

4　主体性、自主性が裏目に

主体性、自主性、自発性、個性の尊重等の重視が、戦後70年を一貫している教育思潮だと言っても大きな誤りはあるまい。その潮流が育てた子供の行く先、行く末がどうなってくるか。それは、大方の心ある人々が「このままでは先行きが心配」と応ずる言葉が雄弁に物語っている。

昔は、ずっと長く、「親や先生の言いつけを守りなさい」「親や先生の言うことを（主体性を持たず言われるままに）素直に聞きなさい」と言われてきた。それが不易の共通の子育て原理として共有されていたのである。

ところが、戦後は、そのような「唯々諾々はだめ」ということになって「主体性、自主性、自発性」という「個」の尊重が主流となり、親や先生の言うことを聞き入れない我がまま者や勝手者がのさばり、のさばる力のない子は「ひきこもり」を始めたのだ。

どちらも、「新しい教育理論と実践」に毒された犠牲者、被害者ではないのか。私はそのような子供らを本当に気の毒で、かわいそうに思う。親や先生の言うこと、教えてくれることには従おうという「受け身」の素直さが育てられていたならば、もっと潑溂とした、無邪気で元気な、子供らしい子供の時代を過ごせたことだろうに、と思わずにはいられない。

小池氏の次の言葉を噛みしめたい。

> 本当の意味で「自力」という小ざかしさを捨てて、「他力」という自然の力に身を委ねるようにすることが大切です。

ここでいう「他力」「自然の力」という言葉は、そのまま、親や教師という先達と同義と考えてよい。いつの時代でも「先達はあらまほしき」であり、先達に導かれてこそ、人生は充実するのである。素直な「受け身になる主体性」こそが、子供らのあるべき姿なのではないか。

Ⅱ-4

●野口芳宏の「研究テーマ『各自の自由研究』が大ブーイング」を読んで

真に「主体」になるとはどういうことか

京都大学大学院教育学研究科准教授　石井 英真

教えることから学ぶことへ、指導から支援へ、学習者主体や子供主体へといった具合に、「主体性」育成の重要性が繰り返し叫ばれてきました。しかし、真に主体的な学びとは、集団や協働性を排して、子供が孤立して学ぶこととイコールではありません。孤独に自分と向き合う時間は重要ですが、そんな時でも、家族や友人や教師、これまで出会った人たち、憧れの人物、先哲など、「見えない伴走者」も交えた自己内対話によって学びは支えられているものです。自律的に学び続け、空気に流されず自立的で独創的な活動を展開しているように見える人たちにおいても重要なのは、個人としての自由で強い意志をもって、目標設定と振り返りといった効率的な自己管理が上手ということでは必ずしもありません。自立とは依存先を増やすことであるという見方もあるように、自分なりの社会的責任を引き受けていて、それゆえに次々と問いや課題を投げかけてくる対象があること、そして、多くの良質な「見えない伴走者」を心の中に棲まわせているかが重要なのです。

野口氏は、「本当の意味で、『自力』という小ざかしさを捨て、『他力』という自然の力に身を委ねるようにすることが大切」という、僧侶の小池龍之介氏の言葉を引きながら、主体性重視の論調に疑問を投げかけています。ここで重要なのは、「（周りに）流される」ということと「引き受ける」ということの違いでしょう。前者の意味での「受け身」は問題ですが、後者の意味での受動性は、対象への向き合いの中で自己がゆさぶられる経験を含むので、先述の意味での真に自立した人間（「主体」）となる上で不可欠の条件といえます。

野口氏はさらに、「他力」を「親や教師という先達」と同義と捉えて、そこから受け身の素直さの重要性を説いていますが、「先達」とは親や教師といった身近な大人といった存在以上に、世界や社会や学問と格闘してきた無数の人々の努力といった広がりをもつものでしょう。授業とは、教師と子供の二項関係ではなく、それぞれが材（教材、題材、学習材）を介してつながり合う三項関係で捉えるべきものです。野口氏は冒頭で、自由研究に腰が引ける教師の姿について述べていますが、子供と共に世界や社会や学問と向き合い、真摯に学び合う共同注視関係の下でこそ、教師は、世界と向き合いそれへの責任を引き受ける「先達」たりうるのでしょうし、自分が何をしたいのかが明確になり、自律的に学ぶ主体ともなっていくのです。「主体性」があることと、「主体」であることとは異なります。「主体」とは軸のある人のことで、何事にも主体的というのは、逆に軸がないのかもしれません。野口氏の言葉を借りれば、やらされる仕事に「左手」で関わり、「右手」で握るべき、自分の軸となるテーマを探り握り続けていくことが重要なのです。

II−5

「子供を叱らないでください」

「教える」ためらい、子供への過信

野口 芳宏

1 名取を許される実力

私事に亘って恐縮だが、現在私は南房総の一角にある千葉県君津市の文化協会という民間団体の会長を務めている。どこの市にも、町にも芸術や文化を愛好する人々の団体はあるだろうから、珍しい会などではない。君津市や市の教育委員会からも若干の助成を受ける準公的な性格も多少はある団体で、40年余りの歴史をもち、会員は860人ほどの会である。

その中の日本舞踊部門のさる社中から新しく名取を許された3名の披露を兼ねた、第17回めの「おどりの会」にぜひとお誘いを受けた。詩吟、民謡、書道、絵画、盆栽など、それぞれの喉や腕を競う発表会があるので、なかなか出席できないのだが、都合さえつけば努めて出席をと心がけている。

参加して驚いたのは、１６００人を収容できるホールがほぼ満席であったことだ。文化協会の発表会よりもはるかに盛況である。来賓の祝辞も、国会議員、県議会議員、そして４市の市長どまりであり、60ページに及ぶ立派なプログラムの30ページは、協賛企業、商店の祝賀広告である。

会主の挨拶に続いて、新名取３名の写真と言葉が載っている。短いので引用する。

> 皆様方にはますますご清栄のこととおよろこび申し上げます。
> さて、私達三名は、三歳の頃より寿万恭先生、寿万佳代先生の御指導のもと、お稽古を続けて参りましたが、この度寿万佳代先生のお取り立てにより御家元様より流名を許され、名取の末席に加えさせて頂くこととなりました。
> まだまだ未熟者ではございますが、これを機会に、一層芸道に精進いたす所存でございますので、今後とも御指導御鞭撻下さいますよう、よろしくお願い申し上げます。

まずは、「三歳の頃より」という年齢である。就学前、幼児教育でいえば年少組である。生まれて3年しか経っていない。その頃から、お二人の先生の「御指導のもと、お稽古を続けて参りましたが」とある。

年少児という早期に、師匠の下で「御指導」を受け始め、学び続けて今日の栄光に至ったということである。ちなみに、新名取の三方は20代、大学生である。そういう経験のない私どもにとっては途方もない長い期間である。その間、「御指導のもと、お稽古を続けて」こられたのである。「名取」について『広辞苑』の解説を見ると、「②音曲・舞踊などを習う者が、師匠から芸名を許されること。また、その人。一定の技能に達した弟子に流儀名の一字を与え、家元制度の維持をはかるもの」とある。全ての弟子に与えられるものではないし、容易に許され与えられる地位ではないところに大きな意味と価値がある。

1時間ほど拝見して失礼をしようかと家を出たのだが、引きつけられたままとうとう午前中を過ごした。師匠に学び、芸を磨くひたむきな姿と、到達した高い芸域に魅了されたことによるものであろう。

会を辞していろいろなことを考えさせられた。とりわけ「教育の不易論」に関してである。「本音と実感」に基づいて思うところを述べ、御批判を受けたい。

2　芸道修業は教育の原形

踊りでも、詩吟でも、生花でも、武道でも、およそ芸事、習い事の世界で一応の水準にまで力を高めていく道筋は、そのまま教育の不易の原理を踏まえていると私は考えている。

まずは、師匠を求めて弟子入りする。教える者と教わる者とがいて初めて教育という営みが始まる。言うまでもないことだが、弟子は師匠から見れば「未熟、無知、未完」の存在である。反対に弟子から見れば師匠は「模範、完成、憧れ」の存在である。それに少しでも近づこうとして努力、精進が始まるが、その過程でいろいろな課題が与えられる。

課題に応えるべく努めるが、師匠から見ればいろいろな「不備、不足、不十分」が目につく。弟子にはそれが見えないし、気づかないのだが、指摘をされれば納得でき、そこを直せば可とされて次の課題が提示される。弟子は新しい課題に挑戦し、自分の努力の成果を評価して貰って長を伸ばし、短を改め、補い、徐々に上級、高段の実力を身につけていく。課題を与えられ、弟子は努力し、師の評価と指導を受けつつより高みに昇り続ける。これが教育の原形、原型である。

弟子の向上の条件は、師の教えを敬い、指導を素直に受容し、教えに従って改め、正し、それを繰り返して習熟することである。師匠は、高い立場から、弟子をより高みに導くべく、指摘し、指導し、時に手本を見せて違いに気づかせる。

師は教え、弟子はそれを受容して学ぶ。この原形は、古今東西を超えて変わることはあるまい。

フィギュアスケートも、碁も将棋も、剣道も、茶道も、絵画も、歌唱も、演奏も、野球も、フットボールも、角力も、そして学問も、人生の生き方も、全てに共通する学びの原理がここにある。

教育における不易の原理は、

①すぐれた指導者のすぐれた導き、と
②学び手の素直な受容と誠実な努力、と
③時宜を得た適切な課題、教材の提示

の三つが、それぞれ、適切な時と所とを得てバランスよく噛み合うことである。

3　気になる教育現場の風潮

ところが、この単純この上ない不易の原理が、「大きく変化する社会」に生きていく力をつけるためにとの理由で、いろいろな変化を見せている。それらの変化は、従来の考え方よりも「新しい」という点で、「すぐれて」おり、今の時代とこれからの時代に「ふさわしく」、その故に「正しい」と受けとめられ、広まってゆくことになる。

さて、本当にそれがよいことなのだろうか、という立場から三つ疑問を述べたい。

(1) 「教える」ことへのためらい

授業研究協議の席上「あそこはぜひ子供に考えさせたかった。教えてしまったのは惜しい」「もっと、とことん考えさせる時間をとるべきだ」というような指摘がよくなされる。そういう場合もあることは否定しないが、このような指摘によって「教える」ということが、何となく悪いことのように思われているようだ。

道徳の授業でも、結論を示さず個々の考えに任せて終わる、オープン・エンドがよいとされているようだ。「考え、議論する」ことが賞揚され、「多様な考え方」「多面的、多角的な考え方」がよしとされている。「何を教えたのかよくわからない授業」がもてはやされているという声をよく耳にする。武道や日本舞踊の世界では見られまい。

教えの否定は一部の学者や指導者の「観念的机上論」で、実践者の「体験的実感論」とは相容れない。次の二つを比べてほしい。

A　「今度の先生は本当にいい先生だ。子供にいろいろなことを教えてくれる。今日は何を教えてくれるだろうかと、子供が毎日喜んで学校に出かけていく。有難いわ」

B　「今度の先生は本当にいい先生だ。何も教えてくれない。どんなことでも子供に考えさせ、子供に決めさせてくれる。明日も、何も教えてくれないだろうなと、子供が毎日喜んで学校に行く。有難いわ」

Bのように考える親が増えるのがよい、と思う読者があるだろうか。あるまい。だが、学校現場ではAのような教師は不評で、Bのような教師がほめられているらしい。武道や日本舞踊の世界とは正反対だ。

また、教員の子供の多くが学習塾に通っているらしい。親しい塾経営者から直接聞いた話である。塾のほうがよく「教えてくれる」から力がつくと、子供も教師も考えているらしい。何たることか！

⑵　子供への過信

「子供は無限の可能性を秘めている。子供を軽く見てはいけない」とよく言われる。「無限の可能性」はプラス面だけではない。怠ける可能性、努力しない可能性、悪に走る可能性、不健康なことに積極的になる可能性、それらをも「無限に」秘めているのが子供の正体、実像である。

「悪い子なんて一人もいない」ということもよく聞く。現在の日本の通知表や指導要録の記述を見る限り、我が国には、「悪い子なんて一人もいないこと」がよくわかる。それなら、いじめなんて一件も起こらないはずだが、事実は逆である。昔は、公文書は原則的に開示しなかった。開示が原則となったその日から、日本の子供は一人残らずいい子になってしまったのだ。滑稽である。

子供の実像、正体、本質は「未熟、無知、未完」ということである。だから教育によって、少しでもよい国民にすべく、教え、導き、正していかねばならないのだ。そうすることが本当の「愛」なのである。芸道や武道の世界には、この伝統的な愛が生きているのだ。

(3) 否定の否定

「子供を叱らないでください」というのが、非常勤講師として赴任した最初の日に校長から言われたことだった、という新聞記事を読んだことがある。子供を叱ると親がうるさいので、校長は防御策を講じたのだろうが、この傾向は、目下全国一律と言ってもよいかもしれない。親がうるさくなった、とよく耳にする。モンスターペアレンツなどという言葉もある。これは一つの社会現象の記述だが、私は、「そのような親に育てたのは、学校教育の成果だ」と考えている。だから、私は親の悪口を言う前に、戦後教育のどこがおかしかったのか、と自問自考することにしている。「叱らない教育」を賞讃し、「叱る教育」を排除する現今の保身的教育体質は、いよいよ非常識な大人を育てることにならないか、と私は危惧している。

叱るべき時には叱るのが正しいのである。そういう教師こそ、本物の尊敬と信頼を得るのである。

(4) 教育の本質を踏まえて自信と勇気を

「教育の目的」は国民の全て、一人残らずが共有しなければならないことなのに、教育のプロである教師もほとんどそれを知らない。教育基本法第1条に明記されている。

「教育は、人格の完成を目指し、」と始まるので、ここだけ覚えている教師はちらほらいるのだが、あとは忘れている。

続いて「平和で民主的な国家及び社会の形成者として必要な資質を備えた」となる。ここが特に重要である。一人ひとりが、「国家及び社会の形成者」なのだと位置づけられているのである。

そういう「形成者として必要な資質を備えた」「心身ともに健康な」と進んで結ばれる言葉は、「国民の育成を期して行われなければならない」のである。

個性も、多様性も大切だろうが、国家及び社会の形成者として必要な資質を備えさせることによって、「心身ともに健康な国民の育成」を期するのが教育の目的なのである。これを心の底から理解し、そのリーダーとしての教師であることに気づきたい。そうすれば、ようやく教師の名取となれるだろう。ぜひ芸道、武道の世界に学びたい。

Ⅱ−5

●野口芳宏の『教える』ためらい、子供への過信」を読んで

先達に学ぶことの重要性と危険性
―「不易」へ光が当たることを願って―

奈良市立都跡小学校教諭　山方 貴順

1　はじめに

私の国語科観や教師観は、間違いなく野口先生の影響を受けています。私がまだ駆け出しの頃、野口先生のご著書を多数読みあさり、授業道場「野口塾」にも複数回参加し、野口先生がされる飛び込み授業も生で拝見しました。今の私は、先達、つまり野口先生をはじめとした諸先輩たちに学ぶことなしには成立し得ません。

さて、「『教える』ためらい、子供への過信」を拝読しました。やはり野口先生のご主張は、本文中の次の4点にあるように、私が駆け出しであった10年以上前と一切変わりません。

・「**教える」ということが、何となく悪いことのように思われている。**

・子供の実像、正体、本質は「未熟、無知、未完」ということである。だから教育によって、少しでもよい国民にすべく、教え、導き、正していかねばならないのだ。

・叱るべき時には叱るのが正しいのである。そういう教師こそ、本物の尊敬と信頼を得るのである。

・個性も、多様性も大切だろうが、国家及び社会の形成者として必要な資質を備えさせることによって、「心身ともに健康な国民の育成」を期するのが教育の目的なのである。

本書のねらいは「野口先生の実践研究の成果を次世代に受け継ぐこと」です。他方、私には、野口先生のご主張に沿ったにもかかわらず成果が出なかった、苦い思い出があります。そこで本稿では、駆け出し期の自身のエピソードを通して、先達に学ぶことの重要性、しかし、そこに孕む危険性についてお伝えすることで、本書のねらいに迫りたいと思います。

2　苦い思い出

私が教師として駆け出しの頃、野口先生の言説に強い影響を受け、憧れ、次のように考えていたのでした。

・子供に教えることを、ためらわなくてもよい。

・子供には、だめなものはだめと、叱るべきだ。

こうすることで、子供はもとより、保護者からも尊敬され、信頼を得られると思っていたのでした。しかし、現実は少し違いました。確かに、そのように思ってくれる子供や保護者の存在もありました。しかし、一部ではあるものの、支持を得られていないと感じる子供や保護者の存在が、しばしばみられました。どういうことか、教えれば教えるほど、叱れば叱るほど、その子供や保護者と距離が生じていく様が肌で感じられました。

3　駆け出し期の自身へのアドバイス

この原稿を書いている私は現在、小学校教員16年目になります。現在の私も、駆け出し期の自身と変わらず、「子供に教えることを、ためらわなくてもよい」「子供には、だめなものはだめと、叱るべきだ」と考えています。考えは同じではありますが、指導の方法については、駆け出し期の自分に対して、アドバイスしたいことがあります。それは

「教えっぱなしや、叱りっぱなしではだめですよ」

とのアドバイスです。現在の自分は、教えたいことがあれば、事前指導を取り入れます。叱りたいことがあれば、事後指導もセットにします。

教えるときには、教える前に意図的に、子供が「教わりたい」と思えるように心がけています。そのために、たとえば、児童自身に「不備、不足、不十分」を気づかせるようにしたり、

意欲づけのために語ったりする、事前指導を取り入れます。

一方、私が叱った後には、意図的にフォローできる機会を探すこと、そしてほめることといった事後指導もセットにするようにしています。確かに野口先生は、叱ることをためらうべきでないとおっしゃいます。しかし誰しも、叱られると大なり小なり、ネガティブな気分になるでしょう。近年の、叱られる経験の少ない子供なら、なおさらです。そのため、そのネガティブな気分のままで指導を終えないことが重要だと考えます。

加えて、当時は大学卒業後一、二年である「若い元気な先生」である私が、野口先生のように味のある「教え」や「叱り」ができなかったことも要因だったでしょう。

当時の自分には、事前指導や事後指導の必要性を考えられる力量がなかったことと、「若い元気な先生」ならではの、野口先生とは違ったアプローチが望ましかったこと、この2点から、野口先生からの学びを生かしきれなかったのだろうと、今となっては分析しています。

4　先達に学ぶことの重要性と危険性

先達に学ぶことは非常に重要で、教師としての力量形成の基礎といえると考えます。「巨人の肩に乗る」との言葉は、先行研究にあたること、つまり先達に学ぶことで、自分一人では至ることのできない、より高い視点を得られることを意味します。「愚者は経験に学び、賢者は歴史に学ぶ」との言葉は、ドイツの鉄血宰相・ビスマルクの言葉で、こちらもやはり、先達から学ぶことの重要性を説いています。「教師の基礎・基本は、本を読むことと、授業を見ることだ」との言葉は、「追究の鬼を育てる」で有名な有田和正先生が、講演会にてお話されていた言葉で、他者、特に先達から学ぶよう促しておられました。

駆け出し期の私は、実践としてはうまくいかないこともありましたが、考えの芯となる部分は今も当時と大きくは変わっていません。変わっていないからこそ、事前／事後指導の必要性に気づけた、つまり、力量をつけることができたのだと思います。先達に学ばなければ、もしかすると私も、野口先生の論考に登場した校長先生のように「叱らないようにしよう」などと、後輩の先生に言っていた可能性もあります。

一方、先達から学ぶことの危険性についても述べます。それは、単に指導のみを追ったとて、うまく機能しない可能性があることです。駆け出し期の私は、野口先生という先達から学んだものの、事前／事後指導まで配慮できないという自身の力量不足から、その学びをうまく生かしきれませんでした。読者の皆様の中にも、「書籍に書いてあるとおりに実践したのに、うまくいかなかった」との経験をされた方もいらっしゃるかもしれません。しかし、1回や2回、成果が出なかったとしても、先達から学ぶことをやめないでほしいと願います。継続することで、複数のことに配慮できる力量が備わり、加えて様々な経験をすることで、「教え」「叱り」といった指導は、円熟味を増し、先達の実践を実現できるように、またさらに、自分にしかできない、より一層子供の心に刺さる指導ができるようになるでしょう。

先達から学ぶことは、明日の授業が劇的に変わるという、即効性には欠けるでしょう。そのため、避けられることもあると耳にします。しかし見方を変えると、先達からの学びは遅効性であり、血肉となり、必ずやその先生を支えてくれ、教師人生を豊かにしてくれるものであると私は考えます。

5　おわりに

GIGAや、一人一台端末など、「不易と流行」の「流行」部分に強い光が当たり、「不易」の部分がどこか、なおざりにされていると感じる昨今です。だからこそ、「不易」の部分、すなわち、先達から学ぶことに再度強い光が当たること、同時に、私がした「失敗」すらも「先達」と捉え、同じ轍を踏まないようにしていただければ、この書籍に関わる者の一人としてたいへん嬉しく思います。

Ⅱ−6

「観」を磨いて道を拓く
教員の資質向上・私の実践論

野口 芳宏

1 憧れる師を持つ

60歳で定年を迎えて小学校の勤めを終え、それからの私は、図らずも二つの大学で教鞭を執る身となった。その折に、「小・中学校の教員と大学の教員はどこが違うのか」と強い関心を抱き、それなりの観察をしたのだが、気づいたことの中で最も大きかったのが、「大学の教員は、多く師を持ち、師に学び続けている」という一事であった。「私は師を越えた」などと言う大学人には会ったことがない。師は弟子にとってはずっと憧れの座にあり、自らの学びの足りなさを悟っては学び続ける大学人の姿に心を打たれた。学び続けるからこそ「学者」なのであると悟った。

蛇足ながら、学者の「根本、本質、原点」は「自らの学びの足りなさを思っては学び続ける姿」

そのものではないか、と思う。「学びの足りなさ」を「研究の足りなさ」と言い換えればもっと明快になる。だから、「学者」は「研究者」とも呼ばれるのであろう。「准教授」「教授」はそのまま「研究者」「学者」として認識されているのは頷けることである。

翻って小・中学校の教員の「研修」の実情はどうであろう。その最大の問題点は、教員自身が「自らの学びの足りなさ」の自覚に乏しい、という一点だと、私は考えている。大方の教員が、「何とかやれている」「これくらいでまずまずは足りている」と考えている。つまり、「学びの不足」への謙虚な自覚が乏しい、というよりも未熟な子供に教える、という立場から、「そのくらいのことはできる」「特別難しいことを教えているわけではない」という安易な、不遜、思い上がりがあるのではないか、ということなのだ。

こんなことを書くと、現場の教師の悪口のように受けとられかねないが、全くそれは見当違いである。悪口などではなく、本来的な「資質向上」というもののあり方を問題にしているのである。

たとえば、教員の資質向上に最も大切なのは、教員自身が、まず教育書を読むということであろう。インターネットが取って代わった、というのも一つの理由にはなろうが、「検索」を主とするネット情報と、思索、黙考、吟味のための「読書」とは「異質」と言ってもよい。

検索と読書とは同一ではない。検索で足りるとすれば、それは、教育者が、思索、黙考、吟味を忘れ、目前の問題の「処理」で済ませてしまうということにもなる。山積する教育問題は「処理」では解決できまい。それほどに事は単純、簡単ではない。

また、教員の研修の大半、ほとんどが行政機関の「上意下達」によるものである。勤務時間の中で、出張旅費を受けとって、義務として学ばされるものである。「学びの不足の自覚」からの、選択可能な研修は極めて少ない。加えて、現場の多忙さはまさに日進月歩で増えているので、「できれば行きたくない研修」にも嫌々ながら出向くということになりがちなのだ。

自らの必要感や意欲に支えられない義務出張であれば、休息やいねむりもしたくなる。それでは大きな実りは得られまい。当然のこととも言える。ある会合で、「全てを有料の研修とし、参加者は自分の財布から500円でも1000円でも払わせたらどうか」と発言して不評を買ったことがある。だが、そうすれば「選択権」も認められるようになり、おざなりの研修からいささかの脱皮もできるのではないかとも思うのである。

自分自身、教師自身が「憧れの師」を持ち、師に少しでも近づこうとすることが「資質向上」の原点であろう。子供相手をよいことに自分自身が「お山の大将」になっていたら、学びの心は遠く、幽《かす》かになるのは避け難い。

私は、つくづく「師に恵まれた」と思っている。新卒の赴任校でPTA会長を務めておられた内科の名医平田篤資先生との偶然の出合いが、私の生涯を貫く師との出合いとなった。東京帝国大学医学部を出られた英才の平田先生からは、生涯に亘って大きく深い感化、影響を賜った。

また、自分の悪筆を恥じ、一生教員として過ごしていくにはこのままではいけないと一念発起して入門を乞うた、教え子の父君、書道の齋藤翠谷先生にもまた生涯に亘って大きく、深く、感化、影響を賜った。平田先生と齋藤先生とは大変親しい間柄であったので、私はこのお二人を師と仰ぎ、頻繁にお二人をお訪ねし、またお二人から随分可愛がって戴いた。

初任校が国語教育の実践校として近在に知られた伝統校であり、その専任講師は、当時の千葉県下ではトップクラスの高橋金次先生であった。国語教育を専攻した私を特別の期待をかけて指導してくださった高橋先生は、輿水実先生との出合いもつくってくださった。私の国語教育人としてのこの上ない導きをしてくださった。

平田先生、齋藤先生、高橋先生のお三方は、私の生涯を貫く恩師であったが、お三方とも今はこの世にない。だが、その教えは、今も私の中に脈々と生きている。

「人がこの世を去り行く時、手に入れたものは全て失い、与えたものだけが残る」という名言を改めて思い起こすことである。

今の私の師は、外科医であり、俳人でもあり、モラロジーのトップクラスの指導者でもあり、文筆家でもある三枝一雄先生である。20年以上に亘って毎月一回私宅にお招きして同志と共に総合道徳科学、人間学について教えを戴いている。お会いする度に尊敬の念を深める素晴らしい先生である。

教員の資質向上は、常に教育界の大きな課題だが、「憧れを抱く」「師を持つ」という、謙虚な求道心、向上心の育成という根本策を忘れてはいないか。現在の、目前、小手先本位の技術向上策に偏った研修法では、大きな実りは得られまいと思われてならない。

2　本を読むという研修法の不易

身近にそんなに立派な、あるいは憧れたくなるような「師」は見当たらない、ということもあるかもしれない。しかし、それは身近にいる「師」に気づかないだけのことではないか。それほど自分が立派なのか、という自問も必要であろう。

不患人之不己知　患己不知人也『論語』

「人の己を知らざるを患《うれ》えず、己が人を知らざるを患《うれ》うるなり」――人が理解してくれないと悩むのでなく、自分が人のことを理解できないことを悩むべきだ――の意。

誰にもありがちな、自分中心の傾向を衝いた名言である。常に努めて人は「謙虚」でありたいものだ。

そこで「読書」である。著書にもぴんからきりまであるが、優れた聖賢の著書は時空を超えて色褪せることなく人々を高く、深く、豊かに導いてくれる。聖書や経典の類いは、実に2000年の世を経てもなお一字一句改められることなく現代の人々をも救い続けている。古典の力は偉大である。

生身の人を師にする具体的な感動や楽しみに比べれば、書物は何とも無愛想な黒い染みの連続にすぎない。声も、表情も、動きもない。本は、ただ無機質な文字記号の連続であるにすぎない。

その無愛想で何の変哲もない黒い文字群を一つずつ追いながら、時に頷き、時に笑い、時に涙ぐみ、時に怒りが込み上げる。これらは文字の力ではない。文字を読んで理解する人の力である。全ては人の想像力によって生まれる尊い所産である。この想像力を高めるのが読書の第一の効用であり、想像力の向上が読書を楽しみにしてくれる。また、結果として、知識や教養を豊かにすることにもなるのだ。

また、読書とは、読者と著者との対話を促す。決して出合うことのできない故人、外国の人物、そして途方もない豊かさと怜悧な頭脳や思索の持主とも出合えるのが読書である。一流の人物は、例外なく一流の読書人である。逆に、全く本を読むのが苦手という人物で一流の人物という存在は極めて稀である。。

質の高い本ほど安価なものはなく、質の高い書物ほど読み手を高みに導く存在はない。いつでも、どこでも読み始められるし、いつでも、どこでも読むのを止めることができる。自分の生活、体力、状況に合わせて自由に学べるのが読書の大きな強みである。

若者や子供だけでなく、現代人は一般に「読書離れ」が大きいといわれているが、残念かつ深刻な問題である。パソコンによって当座の必要は満たされはするが、それは断片的かつ底の浅い片々の知識、情報にすぎない。やはり一冊の本をじっくりと読み、眼を通し、考えを深める読書には敵わない。

私は小さい頃から本が好きで、常に読書を楽しんできたが、先述の内科医平田篤資先生によって読書への新たな眼が開かれた。平田先生は、一流の読書人でもあった。

先生が読まれた本の中で心を打たれたものがあると、私にも読むようにと貸してくださるのが常だった。先生は必ず心を打たれた所には赤線を引くようにされていた。その赤線を引かれたところの意味を考えることで、先生の読書のありようを推測するのが楽しみであった。

ある時、英国の細菌学者でペニシリンの発見によってノーベル生理学・医学賞を受けたアレキサンダー・フレミングの伝記を貸してくださったことがある。ところが、これがちっとも面白くない。途中で続きを読むのをあきらめ、先生の赤線部分だけに眼を通すことにした。ところが、どうにも腑に落ちない、下らないところに先生が線を引いていて驚いた。しかも二本線なのだ（この続きは127ページです）。

Ⅱ−6

●野口芳宏の「教員の資質向上・私の実践論」を読んで

ネット世代の学びと伝統的な学びの重要性

玉川大学教職大学院教授　谷　和樹

1　一人の師を追うということ

野口先生は書かれた。

> つくづく「師に恵まれた」。

師に恵まれたのは、私も同じである。

私の師は向山洋一先生（現TOSS最高顧問）である。22歳の時に「この人から学ぶ」と決め、その後、一貫して薫陶を受けてきた。この本を手に取った若い読者のみなさん、あなたがもし「百年に一人の天才」だと自分で確信できるなら、「師について学ぶ」など考える必要はないかも知れない。でも、そうじゃないなら、「師について学ぶ」のが一番上達が早い。そう断言していい。

もし、師について学ぶと決めたのなら、できるだけブレないで、その分野では「その人だけを追い続ける時期」があったほうがよい。

数年でわかったつもりになるのが一番危ない。わかったような気がしてから、「実はまったくわかっていなかった」ということに気づくのに、それから少なくともさらに10年はかかる。私の実感である。私が37歳から40歳ごろの数年間は、向山先生の本以外は読まない時期さえあった。

大学院で専攻した「社会科教育」では、岩田一彦先生に師事した。大学院に行ってたまたま岩田ゼミに入ったのではない。岩田先生から学びたかったので大学院に行ったのである。岩田先生が当時の兵庫教育大学におられなければ、私は大学院に行かなかった。

岩田先生は、何かを押し付けるように教える人ではなかった。むしろ何も教えてくださらない。レポートを持っていくと、しばらくご覧になって、ポツリと短く何かをおっしゃる。そのちょっとした一言が大きな学びだった。先生から教えられたことは、今も一貫して自分の社会科教育の柱になっている。

そうして一人の人間を追い続けると「視野が狭くなる」と言う人がいる。事実は逆である。向山先生を追いかけていると、向山先生が読んでいる本を知ることができる。向山先生が会う人を知ることができる。自分より広い視野を持っている人の「ものの見方」を学ぶことができる。結果的に視野は広がる。岩田先生も同じである。岩田先生は教科教育の系統や知識の構造を大切にされる方だ。私もそれを徹底的に学んだからこそ、それとは違う立場の方々の論もまた、相対的に理解できるようになった。

少し学んではあちら、また少しつまみ食いしてはこちら、と揺れ動いている人は実にあやうい。そして視野が狭い。すぐに「わかったつもり」になり、「自分に合わない」と思うと離れていく。結局は何も深く身につかない。

野口先生は書かれた。

憧れる師を持つ。

全く同感である。「憧れ」こそ成長の原動力だ。誰かに憧れ、その人がいる場所を目指し、努力を続けるからこそ、一流になっていく。

2　YouTubeからの学びは深まるか

まず教育書を読むということ。

野口先生の読書についてのご考究にも基本的に賛成である。基本的に賛成なのだが、若干の迷いはある。若い先生方のインターネットを通した学びについてである。

若い先生方は本をあまり読まない。私もそれは実感している。難しい古典的な本や、特殊で専門的な本ではなく、かなり読みやすい教育書名を挙げても、学生たちはほとんど読んでいない。セミナー等で若い先生方に聞いても読んでいない人が多い。

X（旧Twitter）、Instagram、Facebook等々に代表されるSNSや、YouTube等の動画サイトをみて教材研究をしたり、授業の方法を学んだりすることが多いのだという。

先日、あるセミナーで私に質問があった。

「若い先生が本を読まなくなっているといいます。本をたくさん読むと『ものの見え方が変わる』瞬間がある、と谷先生はおっしゃいますが、若い先生が『YouTube』を1万時間みたら、そのような『ものの見え方が変わる』ような向上があるでしょうか。」

私はこの質問にうまく答えられなかった。YouTubeは私もみる。授業についてのものはほとんどみないが、そうした動画をシリーズでたくさん投稿しているインフルエンサーも知っている。TOSSの仲間の中にもYouTuberがいるし、私自身もTOSSのチャネルで動画を投稿することがある。教育以外でも、時事系や技能系の動画など、役に立つものがけっこうある。かなり造詣の深い人が発信しているものもあるようだ。事実、私の現在の英語力はYouTubeで学び、向上してきた面も否定できない。

直感的にはYouTubeをいくらみようが、「深い学び」にはなるまい、という感覚はあるにはある。しかし、私は実際にYouTubeを1万時間みたわけではない。幼い頃からYouTubeのようなものを日常的に視聴して育ってきた若い先生方が、そこから突き詰めて学び続けた場合には、私の想像できないような「スキーマの変容」が起きる可能性は否定できない。

もし、そうした中から次世代の教育界をよい方向に変革していくようなスターが出てくるなら、それは素晴らしいことなのかもしれない。

3　紙の本か電子書籍か

検索と読書とは同一ではない。

この野口先生の言葉も、そのとおりである。

インターネットではなく「紙の本」を読み、思索、黙考、吟味することの効果は大きい。繰り返し繰り返し、頁をめくり直し、線を引き、書き込みをする。ノートに写したり、そこに自分の考えを加えたりする。そうした能動的な読書から得られる学びは、計り知れないものだ。

ただ、その一方で私はＫｉｎｄｌｅ等の電子書籍も購入している。気に入った本は紙とＫｉｎｄｌｅの両方を購入しているのだ。これによってまさに「検索」する時間が短縮され、私の生産性は事実として向上している。流し読みする程度の本はＫｉｎｄｌｅしか買わないこともある。Ｋｉｎｄｌｅで購入している数千冊の書籍は、私の端末でどんな場所にでも持参することができ、その場でアクセスして読むことができる。非常に便利である。

断片的な情報のみで満足していては向上は望めないだろうが、こうしたデバイスの使い分けを「知的生産の技術」として身につけるのであれば意味のあることと思える。

4　身銭を切った研修

全てを有料の研修とし、参加者は自分の財布から500円でも1000円でも払わせたらどうか。

まったく、心から、全面的に、賛成である。

そのほうが「講師」もまた真剣になる。野口先生が「選択権」も認められるようになると書かれているとおりである。有料にした上で、受講する講座は複数から選ばせたほうがよい。人気のある講座に受講者が集まることになるだろう。学びが偏るというなら、受講すべき分野を確定させてから、各分野の中で一つを選ばせるようにすればいい。

「身銭を切る」ことなしに深い学びは得られにくい。あらゆる専門職の世界で、それは同じである。自分がいただいた給料の中からお金を出して書籍を買い、参加費を払い、交通費や宿泊費を使ってセミナーに出席する。そうして金銭的、時間的な痛みを感じるからこそ、真剣に受講するのだ。受講して学びの薄い講座には次からは出席しなくなる。

また、公的研修を担当する講師には謝礼すら出ないことが多いという。たとえ些少でも、その負担に応じて別途支払ったほうがよい。講師はさらに真剣になる。

民間が提供しているセミナーでも、昨今は「無料」で開催されているものが多く、「有料」セミナーには人が集まりにくいらしい。しかし、本当に重要な情報は決して無料では手に入らないと私は考えている。無料と銘打っているものでも、ある程度から先は有料になっているものがほとんどだ。

そうした情報にアンテナを高くし、主体的に学ぶようでありたい。教師が「主体的・対話的で深い学び」をしていないのに、子供たちにそれをせよと言っているようでは意味がない。

Ⅲ－7

我が子をいじめの加害者にしたい親が増えている？
世間に顔向けできない親の嘆き

野口　芳宏

1　今日のおとずれ何と聞くらむ

平成7年3月20日、オウム真理教による地下鉄サリン事件が発生した。「日本犯罪史において最悪の凶悪事件」とされている。主犯の麻原彰晃以下13名の死刑が23年間の歳月をかけて確定した。

この件について詳しく触れるつもりはない。私が最も心を痛め、関心を強くするのは、このような子供を産み、育てた親の悲嘆、懊悩の深さである。

犯人らの苦しみや悲しみは当然本人が負わねばならぬことであり、その罪過を思えば同情の余地はない。だが、その親の苦悩について思いを致す時、犯人らは何という親不孝なことをしでかしたものだろうと思わざるを得ない。もはや定かな記憶ではないが、麻原の主謀が明白になった時、その親は夜逃げ同然にそれまでの住居から姿を消したそうである。とてもそのまま同じ居所にとどまることはできなかったことだろう。

日本では昔からこういう事態を「世間に顔向けができない」という言葉で言い表してきた。子供を犯罪者に育てようなどと思う親はあるまい。「よい子に」「よい大人に」しようと育ててきたに違いないのである。だから、死刑囚13名は、親の愛と期待を裏切って、親に大恥をかかせた大親不孝者である。「親の顔に泥を塗る」無礼この上ない行為である。

吉田松陰は、安政の大獄によって刑死するが、その処刑される時の辞世として知られる和歌がある。

「親思ふ心にまさる親心今日のおとずれ何と聞くらむ」

子供が親を思う心よりもずっと深く大きいのが、子を思う親の心である。親の子であるこの私の刑死の知らせを知ったらどんなに親は悲しむことになるだろうか。何とも申し訳ないことだ——との歌意である。

もしも、仮に——と思うのだ。麻原に、あるいは高橋克也に「親に心配をかけてはいけない」

という思いが少しでもあったならば、あんな馬鹿げた凶悪な犯罪には及ばなかったのではないか——と。もしも、「親ほど有難い恩人はない。老後の親には少しでも安楽な生活をして貰いたい」という思いがあったならば、あのような大惨事を引き起こすような大罪を犯すことはなかったのではないか、——と。

2　孝者百行之本也

この慣用句は『白虎通』に「孝、道之美、百行之本也」とあるものに依る、と『広辞苑』にある。その意味は「孝行は人道の美しさであり、もろもろの善行の基である」ということだ。簡潔だが、その意味するところは大きく重い。この言葉の真実を深く思う。

また思う。「我カ臣民克ク忠ニ克ク孝ニ億兆心ヲ一ニシテ世世厥ノ美ヲ濟セルハ此レ我カ國體ノ精華ニシテ教育ノ淵源亦實ニ此ニ存ス」という「教育ニ関スル勅語」の一節である。今風に言えば、「我々日本国民は、忠孝の二つの道を十分に体得、実践しつつ、みんなで心を一つにして長く今日に至るまで見事な成果をあげてきた。これこそが日本という国の真価、核心と申すべき国柄であるということになろう。教育という営みを為す根本は、この誇るべき日本の伝統を守り育てていくことにあるのだ」ということになる。

ここには、「忠・孝」の二つの徳目こそが、日本人の、日本国民の、最も中核の徳であるとの宣言が見てとれる。「忠」とは、「真心。誠。忠誠。臣下としての本分を尽くすこと」である。一糸乱れぬ秩序はここから生まれてくるのだ。「孝」は、「親、祖先に敬愛と孝を尽くすこと」である。

いまさら、なぜ教育勅語のように古めかしい文書を引き出してくるのか、という思いを抱く向きもあろう。だが、教育勅語という文書については大きな誤解がなされたままであり、どこかでその正しい理解を取り戻さなくてはならないと私は考えている者である。

「本音・実感の教育不易論」のテーマの下に若干の蛇足を許されたい。

ア、教育勅語は明治23年から昭和23年までの60年間、日本国民の根底となる共有理念だった。

イ、戦後3年間温存された。まっ先に消されてもよかった筈だが、ＧＨＱもそのよさ、価値を否定できなかったのだ。

ウ、戦前は英国をはじめ各国語に訳されて広く普遍の教典として尊ばれていた。

エ、日本国民の教育の原点、原理を簡潔、明快に示した熟議、熟慮の古典的文書。

オ、「之ヲ古今ニ通シテ謬ラス之ヲ中外ニ施シテ悖ラス」という、胸を張り自信に満ちた不変不動の国家的宣言。

右は、筆者の解釈、理解、所感であるが、読者諸賢にはこの機会にぜひとも原典に当たってその真価を探ってみてほしい。「教育勅語」という言葉そのものを知らない世代も増えてきている。また、名前くらいは耳に残っていても、直接自分の眼でそれを読んだ人は、ほとんどいないといってもよい現実がある。それにもかかわらず、教育勅語については「誤った国策の象徴」という誤解に基づく印象を抱いている教師も多い。本文を自分の眼で読むことなく悪い印象を持っているというのは、「そのように教えられた」のであり、最も警戒すべき理解の仕方である。

3 「孝」を徳育の中心とした日本人

教育勅語は、「教育の淵源また実にここに存す」との教育の原点を述べた後に、それを具現すべき各論に論を進めている。そのトップにくるのが、「爾臣《なんじ》民父母ニ孝ニ」という文言である。よく「教育勅語は天皇制を強化するために国民に示したものだ」などという俗論を聞くが、とんでもない不見識である。国民に、具体的に訓《さと》す第一が「父母ニ孝ニ」である。「あなた方の御両親を大切にしなさい」という文言、教訓が筆頭に示されている。いかに「孝」の心を国家が重んじ、大切にしたかが、この一事をもってしてもよくわかる。

親の大恩を理解し、その恩を感じ、恩を敬し、恩に報いるという万人に通じる自然の情を、国民の基調としようとする考え方には全く誤りはない。そして、この当然の情理を備えた人ならば、親を悲しませ、苦しませることだけはすまいと心に刻むだろう。その故にこそ、明治の世になって日本を訪れた外国人が、口をそろえて日本人の美徳を賞賛しているのである。「貧しいけれども卑しくはない」「豊かではないが幸せである」「親は子供を大切にし、子は親を大切にしている」と、多くの外国人が日本人の人間的美点を述べている。名著『逝きし世の面影』(渡辺京二著、平凡社刊)の一読をお薦めしたい。

これらのことは、教育勅語が世に出るずっと前のことなのである。まさにそれは「世々その美をなせるはこれ我が国体の精華にして」という一節の真実を証する事実とも言えよう。それは日本国民のもはや民族性ともなって一つのDNAをつくってきたとも言えるのではあるまいか。

その、いわば日本人の原点とも言えよう「孝」の教育が、戦後は音をたてて崩れてしまった感がある。そして、そのことこそが日本の現代の混迷を招来している大本ではないか、とも私には思われるのである。

4 「孝」を軽んじた戦後教育

「孝は百行の本なり」という言葉の真義は、「人間の全ての問題行動の根本は、孝の一事の徹底によって解決する。それほどに、孝の実行は重く、大切なのだ」ということである。

その美徳を日本人は長い時間をかけて民族性にまで育ててあげてきた。それは日本人にとって大きな誇りでもあり、自信ともなった。まさに、昔の日本人は民族的自尊心を抱いて生きていたと言えよう。

国粋主義を鼓吹しているのではない。ある国の国民としての誇りを持って生きることは、世界各国の国民に共通する国民感情であり、民族性である。フランス国民は母国フランスに誇りを持ち、イギリス国民は母国イギリスに誇りを持っている。いずれも当然の国民感情だ。日本人はそれを「大和魂」と言った。

これをぶち壊さなくてはならない。これを崩すことなくして占領政策の功はない。そう考えたのがＧＨＱである。米国の日本占領政策の根本は、「二度と日本が世界の脅威にならないように弱体化する」という一点にあった。それは、戦勝国にとっては当然の策とも言えるだろう。そして、まず軍隊、軍備を解体し、二度とそれを所持してはならないという「日本国憲法」を作った。現憲法の原文は英文である。

国史と地理の教育を禁じ、修身科も禁じた。日本の誇りや勇猛心を書いた教科書の文言は墨塗りをもって抹消させた。私も墨塗りをした経験をもつ。だが、教育勅語の廃絶はGHQも命令はできなかった。非を衝きかねたからだ。文章の中にこれという難点、不備がないからである。そこでGHQは口頭で政府に「自分たちで葬れ」と命じたのだ。

かくて昭和23年6月、衆参両院がまさに日を同じくしてこの廃絶を宣言するに至った。そこには、廃絶の理由を明記せねばならない。詳しくは読者諸賢が直々にその宣言文を読むことを薦めたい。要は、「新生する民主国家の方針に合わない」ということだが、そのように言わなければならなかったのは、まさに「占領下の敗戦国の悲劇」という他はあるまい。敗戦は悲しく、辛いことだ。

教育勅語が元徳とした「忠・孝」の認識がそれからは急速に学校教育、国民感情の中から影を薄くしていくことになる。これは、日本人としての心の拠り所を失うことでもあった。

加えて、「自由、平等、平和、民主主義」という思想が、その真偽を解する遑《いとま》もない急速度をもって民衆の間に浸透していった。かくて、いつの間にか、「忠・孝」は国民の意識から遠のいていった。「尊属殺人は無期懲役又は死刑」という刑法も、「平等」の思想から憲法に反するとして平成7年に廃止された。かくて、親殺しも、子殺しも今やさほどの話題にならないほどの「できごと」になってしまった。孝の心も急速に萎んでいく。

5 「孝」の復興、復活を

いじめの問題がなかなか解決を見ない。道徳の教科化による強化策の大きなきっかけの一つともなったこの問題の根本的解決の道はいまだに見えていない。いろいろな策が言われているし、採られているが、どれ一つ決め手にはなっていない。それはどこかに根本的な欠陥、あるいは欠落点があるからではないか。

我が子を「いじめの加害者にしたい」などと思っている親は一人としてあるまい。人の子を我が子がいじめているとわかったら、どんなに親はがっかりするだろう。悩むだろう。

そう思わないとしたら、その親は論外である。論外の親も増えている世相であるが、そのような親を育てたのも、学校教育の一つの成果だと言えなくはない。

親の「大恩」を教え、「孝」の大切さを教え、「親を悲しませる」ことの大罪を教え、わからせることがかなえば、いじめ問題の大半がなくなるに違いない。

そのような「根本、本質、原点」を忘れた片々の弥縫策によっては、現代的難問の解消の道は遠いと思うのだがどうであろう。御意見を伺いたいところである。

Ⅲ−7

●野口芳宏の「世間に顔向けできない親の嘆き」を読んで

見つめ直したい教育の「根本、本質、原点」

武蔵野大学教授　貝塚　茂樹

「『根本、本質、原点』を忘れた片々の弥縫策《びほうさく》によっては、現代的難問の解消の道は遠いと思うのだがどうであろう」。野口先生の重い「問い」である。

大いに賛成である。

親の「大恩」を教え、「孝」の大切さを教え、「親を悲しませる」ことの大罪を教え、わからせることがかなえば、いじめ問題の大半がなくなるに違いない——。この結論にも賛同したい。

本稿のテーマは、「孝」の復興、復活である。

本題にいく前に、野口先生が「教育勅語という文書については大きな誤解がなされたまま」

と指摘された点について簡単に触れておきたい。
野口先生も言われるように、教育勅語を「誤った国策の象徴」と否定するのが戦後日本の姿であった。敗戦を挟んで「戦前＝悪、戦後＝善」といった二項対立の捉え方が常態化した。今も変わらない。

教育における「悪」の象徴が教育勅語であり、修身科であった――。この解釈は強固であり、現在の大学生の多くも漠然とそう信じている。

かといって、彼らは教育勅語を読んだことすらない。読みもせず、意味すら知らないで否定をするのは、野口先生の指摘される「最も警戒すべき理解の仕方」である。知の退廃である。

もちろん、大学生が悪いのではない。責任は、明確な根拠もなく、「教え込ませた」大人にある。戦後80年。そう教えた大人の大多数も教育勅語を読んだことがないはずだ。

問題の根は深く、歴史は残酷である。

１８７２（明治５）年の学制によって近代教育は出発したが、教育の理念、道徳教育の理念は確立されなかった。

そのために、まさに百家争鳴《ひゃっかそうめい》。喧々諤々《けんけんがくがく》の論争が繰り返された。それが徳育論争である。そして、この論争に一応の終止符を打ったのが１８９０（明治23）年に渙発された教育勅語（教育ニ関スル勅語）である。

簡単に言えば、勅語とは天皇がお示しになったお言葉である。明治天皇が渙発したものであるが、実際には井上毅《こわし》が起草したものに元田永孚《ながざね》が手を加えて、両者が厳しく何度も修正を繰り返しながら完成した。

一流の学者の叡智を結集した教育理念と言える。

教育勅語は、天皇が国民に示し下したものと説明する向きもあるが、そうではない、日本人が守るべき12の徳目は、天皇自身も守るべき理念である。

「朕汝臣民《ちんなんじしんみん》ト倶《とも》ニ拳々服膺《けんけんふくよう》シテ咸其徳《みなそのとく》ヲ一《いつ》ニセンコトヲ庶幾《こいねが》フ」という文末の表現はそのことを示している。天皇もまた教育勅語が掲げた道徳を遵守するのである。

1945（昭和20）年の敗戦後、教育勅語問題が議論された。

当初、教育基本法と教育勅語とは両立するというのが政府・文部省の立場であった。

たとえば、1947（昭和22）年3月20日の貴族院において高橋誠一郎文部大臣は、「日本国憲法の施行と同時に之と抵触《ていしょく》する部分に付きましては其の効力を失い、又教育基本法の施行と同時に、之と抵触する部分に付きましては其の効力を失ひまするが、その他の部分は両立する（中略）詰《つま》り政治的な若くは法律的な効力を教育勅語は失うのでありまして、孔孟《こうもう》の教へとかモーゼの戒律とか云ふようなものと同様なものとなって存在する」と述べている。

ここでいう「抵触する部分」とは、勅語という形式で教育理念を国民に示すことであり、「抵触しない部分」とは、「父母ニ孝ニ」以下の12の徳目を意味していた。

また、1950（昭和25）年に文部大臣となった天野貞祐は、たとえ勅語という形式が時代に合わなくなったとしても、教育勅語に掲げられている「父母ニ孝ニ」以下の徳目（道徳的規準）は、「それ自体妥当性をもつ徳目である。それは今日といえども妥当性を有する」（『今日に生きる倫理』）と主張している。

天野によれば、それは簡単なことで、戦前は「父母ニ孝ニ」が道徳だったが、戦後は「父母ニ不孝ニ」が道徳となったわけではないことを考えれば明らかであるとも述べている。

しかし、教育勅語に対する当初の立場と解釈は、1948（昭和23）年6月の衆参両議院での「教育勅語等排除・失効確認決議」によって流動的になった。この「国会決議」の歴史的経緯と評価について詳述する紙幅の余裕はないが、

①「国会決議」の原案はGHQが作成したものであること
②衆議院と参議院の決議には、教育勅語の評価において違いがあること

などが指摘できる（詳細は、拙著『戦後日本と道徳教育―教科化・教育勅語・愛国心』を参

照のこと)。

また、現在でも、この「国会決議」の内容を根拠とした教育勅語の反対論があるが、実は「国会決議」には何らの法的拘束力はないことも付け加えておきたい。

さて、本題の「父母ニ孝ニ」についてである。

「孝」は日本の道徳の中核であった。野口先生も説明された「孝は百行の本なり」は、「孝」が道徳の本源であるという意味である。

たとえば、東宮御学問所御用掛(倫理担当)として昭和天皇に御進講を行なった杉浦重剛《すぎうらしげたけ》は、人間と動物との違いは、人間が親に対して孝の感情を持つことにあるとした上で、親が子を愛するのは動物に見られる自然なことであるが、子が親に対して孝行するのは人間だけであると述べている。しかも「孝」は、至誠の心を以て、子の親に対する道徳的感情であり、「我が邦固有《くにこゆう》の道徳にして、夙《つと》に発達せるものなり」(『教育勅語―昭和天皇の教科書』)とも説明している。

「我が邦固有《くにこゆう》の道徳」である「孝」は、当然ながら教育勅語が渙発される以前の時代から重んじられていた。特に江戸時代では、徳治主義を掲げた5代将軍綱吉が孝行者を表彰するようになってから浸透した。江戸時代の後期には、孝行者を記録にまとめた書物が刊行される一方、落語でも、いわゆる「孝行噺《ばなし》」が数多く登場するようになった（『親孝行の日本史―道徳と政治の1400年』）。

もっとも、今の時代からみると親が子供に「親孝行しなさい」と教えることは、不自然で、傲慢なようにも聞こえるかもしれない。「親孝行は感謝の強制」であるとする批判は、これまでも繰り返されてきたし、今も根強い。

ただし、親孝行は子供に一方的な強制を強いるものではない。「子供の世話をするのは当たり前」と考えて、まったく親に感謝しないとしたら、当然ながら親子のコミュニケーションはうまくいかない。しかし、親を大切にすることが親孝行であると教えられていれば、「当たり前」は感謝すべきものに変わる。

人間は概念を知っていたほうが行動へ移すことがたやすくなる。感謝を表すことで親子関係が良好となれば、親子のコミュニケーションは円滑となる。親孝行を教えることには、こうした先人の知恵が込められているに違いない。

かつて、ヤクルトや阪神、楽天で監督を務めた野村克也は、「大成した選手は例外なく親孝行だ」と述べた。「孝」を知ることで感謝の気持ちが湧き起これば、それは親のために努力しようとするモチベーションとなり、さらに自らを奮い立たせるエネルギーとなるはずである。

野口先生が指摘されるように、戦後教育は「孝」を軽んじてきた。２００６（平成18）年に改正された教育基本法第10条に「家庭教育」の条文が創設されるまで、よりよい親子関係の構築は教育の目標ではなかった。また、「特別の教科　道徳」が設置されて初めて道徳教育の内容に「家族愛」が加えられた。戦後教育で育った世代が親世代となった頃から、いじめは激増し、児童虐待は大きな社会問題となっている。「子殺し」「親殺し」は、今ではごくありふれた事件として分類され、新聞の3面記事の隅に追いやられている。

「孝」を軽視したツケが世代を跨《また》いで肥大化し、現代社会はその代償を確実に払わされている。教育の怖さは、負の側面が世代間に継承され、しかもそれが拡大していくことである。

教育勅語の復興、復活といった大仰なことは言わない。しかし、日本人が大切にしてきた教育の「根本、本質、原点」を曇りのない目で見つめ、それらを次世代の子供たちに勇気をもって継承する努力は不可欠である。野口先生の言葉を真摯に受け止めたい。

Ⅲ−8

明治生まれの父の教育想片「いい気になるな」

お天気屋はダメだ──父親の教え

野口 芳宏

1 父の愛を受けて

「出自」という言葉がある。「出どころ。うまれ」と『広辞苑』にある。「出自を明らかにする」などと使われる。人は、出自によってその人生を大きく形づくっていく。

筆者である私も例外ではない。「私事に亘って恐縮ですが──」などとよく言われるが、「私事」こそ、その人の人間形成に影響を与える最たるものとも言えるのではあるまいか。教育のありようを考える時に、自らの出自、家庭、生育歴を抜きにしては語れまい。私事に亘るが、それを通しての人間形成のありようについて改めて考えてみたい。

私の家は、代々婿養子が続いた。私の父は千葉県師範学校を出て、私の出た小学校の訓導として赴任し、縁あって一人娘の野口家に養子として迎えられた。私はその第一子として実に100年ぶりに野口家に生まれた男児である。一家の喜びは大変なものであったが、私は生来病弱で、人力車で往診をする医者を呼ぶ日々が続いたから、家では心配が絶えなかった。とりわけ責任感の強かった父の心痛は大きく、家族には極秘で、密かに名高い易者を訪ねてその要因を問うた。俗に、「寝釈迦」と尊敬されていた近在で高名な易者は、「宅地の東が大きく欠けているだろう」と言った。図星であり、父は大いに驚いた。「そういう家では長男は育たない」と寝釈迦は断言し、「宅地の改造」を促した。男の子が生まれても早逝した例もあったのを思い出した父は、小学校の教員を1年間休職した。そして、私のために私有地を公道に寄付をして、宅地を東に拡張する大工事に挑んだ。私が4歳、父が31歳の時である。

易者の言が、果たしてどれほどの信頼性があるのか、その科学的根拠のほどは私にはわからない。だが、父のこの大決意と断行に対して、私は心の底から感謝している。「至誠神に通ず」などと言えば、時代錯誤とも、神がかりとも嗤われそうだが、現に私は82歳の今も健康に恵まれ、全国各地に出かけて先生方との学びを楽しんでいる。それが東宅地の拡張の功か否かは別として、そこまでして私の健康を守ろうとしてくれた父の愛に深い感動を伴って感謝している。父親という存在のありようを身をもって示してくれたものと思う。

さて、100年ぶりの男児として生まれ育った私は、最も強く父によって教育されたという実感がある。父は、大きな期待と責任感の下に私を可愛がり、大事にし、また、厳しくも育ててくれた。その父の教育のお蔭で今日の私がある、と私は確信している。

その私に対する父の教育のあり方を回想しながら、「教育の不易」というテーマを体験的に考察してみたい。いつものことながら、「本音、実感、我がハート」という発言モットーに基づく私見である。

2　不機嫌を許さず

注意されたり、それを守らないと叱られたりということは、子供にとっていくらでもあることだが、それらは、子供にとっては決して嬉しいことではない。そんな時には、とかく子供は不機嫌になったり、膨れっ面をしたりしがちになるが、父はその点に関しては極めて厳格で、それを許さなかった。「何だ、その返事の仕方は！」「何だ！　その顔は」と私を責めた。

自分の非を素直に認め、父の叱責を受容し、反省し、改めるという、子供としての真っ当なあり方、態度を父は強く求めた。それにもなお私が従わない時には、私の自分本位の我儘に父は容赦しなかった。時に鉄拳を振るうことさえもあった。それによって私は、絶対に父に逆らうことはしなくなった。「言葉で言ってわからない時には、痛い目にあわせてでもわからせる」というところがあった。「ならぬことはならぬ」を父は貫いた。

叱られたりすれば食欲などなくなる。そんな時「食べたくない」などと私が言えば、「泣きながらでも食え」と父は言った。自分本位の不機嫌、個人的な不快をもって、他の人にまでそれを及ぼすことを許さなかった。「お天気屋は駄目だ」とよく言った。そう言う父は、ほとんど不機嫌という表情を見せなかった。叱る時に怖いのはむろんだが、それが済めば元の平常心に戻った。優しく、明るい父が日常であった。

そのように育てられることによって、私は従順で素直な子供にと成長した。それは大人になっても変わることはない。だから臍を曲げるとか、不機嫌な顔をするということは私の日常にはほとんどない。そのことによって、私自身は、おおむね快活であり、素直であり、楽しい日々を過ごせている。また、多くの人に愛される。結局は、私自身が幸せなのである。そのように育ててくれた父に心の底から有難かったと思う。

3　好き嫌いを言うな

私は、供される食べ物の中で、苦手なもの、嫌いなものがない。何を出されてもおいしく、有難く、楽しく、頂戴できる。これも父の教えである。「好き嫌いを言うな。何でもおいしく戴くものだ」とも教わり、それが徹底された。小さい時からそのように躾けられたから、苦手なものを特に強要されて食べさせられたということもない。

供されたものの全てが口に合い、おいしいということは随分幸せなことである。人によると苦手なものを摘まみ出したり、脇へ除けたり、他の人に譲ったりするが、私から見ると気の毒だと思う。

82歳の今も元気で各地を廻っていられるのは、偏りのない食生活のお蔭でもあろうと思っている。厳しく、甘やかされることなく育てられることは、一見、子供にとって辛いことだと思われる向きもあろうけれど、私はそうは思わない。人間の一生は長い。その長い人生の日々を愉快に、幸せに生きるためには、躾けるべきことを正しく躾けるのが、親として大切な務めであろう。私の父は、そのような考えで私を育ててくれたのだと思う。

4　父の好みや人づきあい

何を好み、何を楽しみ、何を嫌い、何を忌むか。それらは人によって違うのは当然だが、いずれもごく自然な日常の断片として現れてくる。子供は、親のそれらの姿を見ながら成長していく。有形、無形の親の影響を受けつつ子供は成長していくのだ。

ああしろ、こうしろという指図や指示はなくとも、ある程度子供は親に似てくるものであるらしい。一口に勝負事といわれる「碁、将棋、麻雀」の類を父は全く嗜まなかった。煙草も口にしなかった。だから、結局私もそういう文化には関心も興味も持たずに育った。無趣味、不器用とも言えるが、当の私はこのことにも感謝している。そういうことに時間を取られることがなかったのは、私のライフスタイルにとって大きなプラスとなったからである。

父は、読書を趣味としていたので、私も幼児からその影響を受けて育った。母の話では、夜中でも眼が覚めると父はよく本を読んでいたそうだ。それは、晩年になっても変わることはなかった。

生涯に亘って父が愛読していたのは『菜根譚』（洪自誠著）であった。その中のいくつかを諳じていて、折に触れては子供らに聞かせることを好んだ。

また、父は生涯に亘って俳句に親しみ、地域の同好の士に呼びかけて「竹声会」という小さな結社をつくり、毎月の俳句会を楽しんでいた。それらは、子供や家族にも影響を与え、父の歿後は、母が結社を継ぎ、今は私が3代目の主宰を務めている。母は今年99歳の超高齢だが、毎月の俳句会を楽しみに出席し、私も妻も同席して楽しむことにしている。会員は20数名、結社歴は30年を超えている。

さて、「教育における不易」という点から、父の家庭教育のあり方について思うところを述べてみたい。

父は、自分がよいと思うことについてはいろいろな人にそれを紹介し、薦めて同好の会員を増やした。そういう積極的な働きかけに対して、父は「善意の強制。価値ある強制」とよく言っていた。成り行きに委せて手を拱いていたのでは何も始まらない。よいことはどんどん紹介し、誘うのは大切なことだと言い、自らそれを実践した。

たとえば俳句結社「竹声会」にしても、父が呼びかけ、父が誘い、中にはかなり強引に勧誘をされた人もいる。だが、今になって彼ら、彼女らは、「あのように誘われなかったら今の私はない」と、一様に感謝している。母も、私も、妻も、父の強い薦めに従わされた形だが、今になってみると、それは本当に有難いことだったと思う。

薦められたり、教えられたりすることはその時点では、面倒であり、億劫であり、いわば「大きなおせわ」のようにも思われるのだが、「人には添うて見よ。馬には乗って見よ」という慣用句もあることだし、そういう話には従ったほうがよいのだと思う。善意の強制は時空を超えて大切である。

5　自分や個を尊重する世相への疑い

松下幸之助は、晩年、書を求められるとよく「素直」と染筆したようである。「素直」というのは「自分本位、自分中心」ではなく、「相手本位、相手中心」になることだ。夏目漱石は晩年「則天去私」の境涯に至り、この語を好んだそうである。この中の「去私」というのは、つまりは「素直」になることである。「私」を去らねば「我」に執着する。「則天」の境地には至れまい。

私の父は「とかく男は傲慢、高慢になって失敗する。女は虚栄心で失敗する」とよく言っていた。「だから、いつも、謙虚であることを忘れるな」ともつけ加えた。これもまた「私」「自己」「我」「自分」を大切にしすぎることへの戒めである。

私が、千葉大学の附属小学校に転じた時も、校長になった時も、大学の教員になった時も、父の言葉は「いい気になるなよ」という戒めの一言であった。「謙虚を忘れるな」ということである。

お蔭で全ての仕事は大過なく、何とか為し終えることができた。今後も自戒しつつ、余生を楽しみたい。

さて、これらのことから改めて戦後70年の教育のありようを思い起こしてみたい。戦後の教育は、ごく大まかに言えば、戦前、戦中の教育の否定の歴史だったと言えよう。それは一つの「流行」であったとも言える。

端的に言えば、「滅私奉公」型の教育から、「滅公奉私」型の教育への転換だったとも言えるのではないか。

主体性、自主性、自発性、個性が常に大切にされ、人権、生命の尊重が叫ばれ、その帰結として「多様性」の容認が大切だとされるようになった。ここに挙げた熟語を一貫しているのは「個」の重視、「自分」の尊重である。「個である自分を大切に」ということである。これらは松下幸之助の「素直」や、漱石の「去私」とはいわば対極になる。また「善意の強制。価値ある強制」も、子供の「主体性」や「自主性」の尊重とは相容れまい。

そして、現在の世相、社会の現実を見るに、個の尊重が、協力や和を阻み、多様性の重視が混乱を生んでいる。このまま進めば、日本という国家や社会の団結、一致、協力への道は望めないのではあるまいか。

Ⅲ−8

●野口芳宏の「お天気屋はダメだ―父親の教え」を読んで

子供が「しない」を選択するとき

香里ヌヴェール学院小学校教諭兼研究員　樋口　万太郎

野口先生の原稿を読みながら、頭の中に思い浮かんだことがあります。それは「言葉の捉え方」の難しさです。同じ言葉であっても、捉え方は人それぞれです。原稿にある「善意の強制。価値ある強制」という言葉に対して、結果論ではないのか、苦しんでいる人もいるかもしれないということは忘れてはいけないのではないかと私は捉えています。しかし、そのように捉えない人もいることでしょう。

また、原稿にある「とかく男は傲慢、高慢になって失敗する。女は虚栄心で失敗する」という言葉に対して、「男、女でこのように分けるのはどうなのか」「逆のこともあるのではないか」というように捉えてしまう人もいることでしょう。

捉え方は人それぞれです。しかし、自分の捉え方だけに限定してしまっては、大事なことが伝わらないこともあります。

小学校の教室で、先生の指示や学校のルール、行事に対して、

「私はこんなことしたくありません」

「私はそのルールに納得していないので、したくありません」

と言う子に出会うことがあります。

そんな意見に対して、すぐに

「これからの時代は、多様性が認められないといけない」

「昔に作られたルールは見直していくべきです」

「子供に自己選択・決定をさせることが大切です」

ということを主張し、子供が「しない」という選択を認める先生に出会うことがあります。

こういった先生にモヤモヤしている自分がいます。なんだか、自分の都合のよいように言葉を捉えているのではないのかと思ってしまう節があるのです。

誤解してほしくないのは、先生が言ったことや学校のルールなどには文句を言わずに従うべき、学校のルールが適切だとは考えていません。私自身、文句ばかり言っている小学生で

したから、気持ちはよくわかります。

多様性は認められるべきです。ブラック校則といわれるようなルールは見直し、目の前の子供たちに応じたルールへと更新されていくべきです。子供たちが自己選択・決定していくことは、やはりこれからの時代でより求められることです。

こういったモヤモヤの解析度を上げるために、原稿にも出てきた「自分本位、自分中心」「相手本位、相手中心」という言葉を使って私の考えを述べていきます。

先程の子供たちの発言はわがままな発言、自分の考えだけが正しいという「自分本位、自分中心」の発言というように捉えることもできます。

そして、「多様性が認められないといけない」「ルールは見直していくべきだ」「子供主体だから子供が自己選択・決定していくべきだ」といった考えは、一見、子供に対して向き合っているようにみえますが、実は「先生自身が子供のときに嫌だった」「よさを感じていなかった」「子供はこうあるべきだ」といった先生側の価値観だけによる「自分本位、自分中心」の発言の可能性もあります。取り組ませることがその子の成長にプラスになる場合もあります。

このようなことに出会ったときに、「なぜしたくないのか」と理由を聞いたり、「なぜそのルールに反発するのか」「なぜこの子は嫌がるのか」と背景を考えてみたりといった、その子に向き合った上で、「しない」という選択を認めることも私たち大人、教師の役割です。

場合によっては、「大人でも子供でも自分が見えていることが全て」と思いがちです。しかし、経験が不足しているため、「したくないと選択している」「ルールや規則、取組みの背景を理解していない」「『しない』と言うが、実は『する』ほうがよい場合もある」ということもあり、「しない」ではなく、「する」ように説得や納得できるように話をしていくことも場合によってはあるはずです。

これらの取組みや決定の仕方により、「相手本位、相手中心」の発言になります。こう考えると、そう簡単に回答できるようなものではないということです。その場で正解なのか、最適なのかの判断は難しいということです。正解なのか、最適なのかは、だいぶ先の未来でしかわかりません。

「したくない」という子に対して、「しなさい」と言うと、きっと反発があることでしょう。「するように説得、話をしていく」ことに反発があることもあるでしょう。こういったことに、向かい合うことにはエネルギーがいることです。

野口先生のお父様は、「ならぬことはならぬ」「お天気屋は駄目だ」などと言い、野口少年に対して決意を持って、向き合ってきたのではないでしょうか。それこそ短期的ではなく、長期的に、です。

「こうすることがよいんだよ」という一つの基準を伝え続けてきたからこそ、「お天気屋は駄目だ」という重みのある発言になるのです。

さて、読者のあなたは決意を持って、目の前の子供たちに向き合えていますか。そして、長期的な視点、その出来事の背景をもとに「しない」という選択を認めることを覚悟できますか。

Ⅲ−9

子供は廊下を走るものなのだ！

この世を去る時「与えたものだけが残る」

野口 芳宏

1 本を読むという研修法の不易

私の生涯の師、平田篤資先生から、折に触れてはお借りする本によって私の読書の幅が広がっていくことになった。ところが、ある時お薦め戴いたノーベル生理学・医学賞を受賞したフレミングの伝記が何とも私には面白くない。先を読むのをあきらめ、平田先生の赤線部だけには目を通すことにして読み進めると、何とも不可解なところに赤線が引いてある部分に出合って、私は戸惑った。下らないとしか思えないところなのだ。しかも、二本線が濃く引かれている。

お訪ねした折に件の伝記をお返ししつつ、

「どうにも腑に落ちないところに先生が線を引かれていて戸惑いました。どうして、あんなところに引かれたのですか。しかも2本です。――ここなんですが」

と申し上げて該当の箇所を開いた。

それは、こんな場面である。フレミングは青黴《かび》の一種が有害な細菌を殺していくことを発見する。その因果関係について何度も実験を重ね、ついに確信を持つ。満を持して世界的な学会に発表することになった。そこで、恩師を研究室に招き、その現場を見て戴く直前のできごとである。

フレミングが老恩師を案内して先導していく。老師匠が階段を上がってフロアに出ようとしたところで、フレミングがふと姿を隠す。老教授がどっちに行ったらよいのか戸惑っているところへ、物陰に隠れていたフレミングが突然に「わっ」と言って老教授を驚かせる。老教授がのけぞるようにして驚く様を見ながら、フレミングは手を打って大笑いするのだ。平田先生は、そこに線を引いている。しかも2本もだ。

失敬、失礼、無礼千万である。場合によっては打ち首、斬り捨てになってもおかしくないような、馬鹿馬鹿しい場面である。下らない。実に下らない。――というのが私の正直な感想であった。

「うーん、そうか。そこは、私がまさに膝を打ったところだよ」

と、平田先生はにこにこしながら言われた。私には益々わからない。

「先生、それは一体どういうことですか」

という私の問いに先生は答えてくださった。

「私は、長い間、天才というものはどのようにして生まれるのかを考えてきた。いろいろと天才クラスの伝記を読んでいくうちに、ある仮説が漠然とだが見えてきたんだよ」

「その仮説というのは――」

と、言いつつ先生はゆっくりとお茶を飲み干され、いかにも楽しくてたまらないという表情でこんなことを話された。

「天才というものは、いつまで経ってもまるで子供のような天真爛漫、無邪気ないたずら心を持ち続けているらしいということだよ。フレミングの伝記の、そのところで私の仮説が確信に変わったのだ。だから嬉しくなって2本も線を引いた、という訳だ」

私は、この話を伺ったとたんにはっとした。「そうか！　本というのは、そうやって読むものなのか！」と、眼から鱗が落ちた思いがしたのだ。先生のような読み方を一度でも私はしてきたことがあったか。否である。興味本位、教養本位、受験本位、実用本位の読み方しかしてこなかったのではないか。――そうか。そうだったのか、と私は深く得心するところがあった。

その時から、私の本の読み方は明らかに一つの脱皮をしたと思っている。自らの問題意識、疑問、強い関心に基づいた読み方にしようと決めたのだ。長いようで短いのが人生だ。「学び続けようとする者にとっては、人生はあまりにも短い」と、いつか、平田先生が呟いたことがある。漫然と本を読むことをいくら続けても、さしたる実りはあるまい。持つべきは師である。まことに「少しのことにも、先達はあらまほしきことなり」（『徒然草』52段）である。

ピアノでも、書道でも、剣道でも、「師を持ち、師に学ぶ」ことなくして上達、大成は不可能である。私は、つくづく良き師に恵まれたと思っている。人生の師平田篤資先生、書道の師齋藤翠谷先生、国語教育の師高橋金次先生、この三師への感謝は忘れたことがない。今となってはみな故人であるが、その教えは今も私の中に生きている。

「人がこの世を去り行く時、手に入れたものは全て失い、与えたものだけが残る」とはまさに至言である。目下の私の師は、これも外科医師の三枝一雄先生である。すでに86歳の御高齢ながら医道、句道、モラロジー研究、現代史研究に励まれている。毎月の一夜を拙宅にお招きして御指導を請うているが、それも早二十数年を閲している。

憧れの人と直々にお会いし、その謦咳に接することの楽しさと幸せ感は最高である。

2 「本」を読む

2、3年前から高齢難聴が進行している。補聴器も七つ、八つ持っているが、どれも満足できない。「聞こえない」のではない。「聞きとれない」「聞き分けられない」のである。

久々に耳鼻科を受診したら、「治しようがない」と宣告されていっそのことふんぎりがついた。映画も、観劇もほとんどその科白を解することができない。観劇のサークルに入っていたが今年で退会する。

幸いに、眼は何とかなる。本だけは読める。書ける。これは本当に有難いことだ。

憧れの師を持つべきだという話をすると、「そのような人がいない」「出合えない」という人がある。仕方がない。

しかし、そんな人でも「本」なら読めるだろう。その「読書」が問題になっている。「日本教育新聞」(平成30年10月22日号)の社説は「文字・活字文化の振興」を取り上げている。今の大学生の読書生活調査(全国大学生協連)によるデータを引いている。

ア、1日の読書　0分が53%

イ、２人に１人が図書に触れず
ウ、これらは５年前と比べて19ポイント増

「１か月に１冊も読まない」（文部科学省調査）
エ、小学５年生　８％
オ、中学２年生　19％
カ、高校２年生　36％
※年齢が上がるほど本を読まない。

読書の効用については言うまでもない。

新しい知識や情報が得られるだけでなく、想像力や空想力を養い、感性を豊かにする。

これらは、新しいものや価値を生み出す源になる。文字・活字には映像と違った力がある。

（同紙「社説」）


担任時代の私はよく自分が読んだ本の内容や感想を子供に伝えていた。すると、何人かの

子供が「その本を読みたい」と言って借りに来る。私はそれに応えてよく与えた。動機づけがなされた読書は主体的になる。本を読まない教師の「読書指導」は本物ではない。偽善的な教育ペテン師とも言える。まずは、教師自身が「本を読む存在になる」ことを措いては、子供の読書指導は成立しない。この原点を広く共有したい。教師修業、教員の資質向上の大きな一つがまず「読書」である。教師自身の読書振興こそが肝要なのだ。

読書は最も安価かつ効率的な修業法である。合える筈のない人にも本では合える。話が聞ける。考えを知ることができる。教わることができる。時間を超え、空間を超え、読みたい本を手にすれば簡単に出合える。

しかも、自分の都合に合わせていつでも、どこでも、好きなように読むことができる。ポケットに入れ、鞄に入れて持ち歩けるし、家庭でも読める。書斎でも、トイレでも、ベッドでも読める。こんなに便利でこれほど質が高く、手軽で、安価な修業法はない。

ただし、書物からの積極的な働きかけは全くない。無言であり、静かであり、動かない。紙面は紙に小さな染みが無愛想に連続しているにすぎない。

だが、読み手が働きかけさえすれば、無限の情報を引き出すことができる。書物の文字には動きも、音も、色もないのだが、黙読する者をある時には笑わせ、考えさせ、反省させ、怒らせ、悲しませ、勇気を与え、慰めてもくれる。読者の働きかけに対して自在に応えてくれる。それが読書である。

私の現在の読書は、出かける折の乗り物の中、ベッド、トイレ、雨でも降れば珍しく書斎というところである。長く遠距離を電車で通勤したので、往復の車中は貴重な「動く書斎」として十分に活用した。その習慣は今に続いている。

雑誌では、角川書店の『俳句』、『致知』『生命の光』『明日への選択』『圓一』『総合教育技術』『国語教育』『波』『本の窓』『本の旅人』『きらら』『ハーストーリー』、結社誌『音信』『日本の息吹』『やくしん』『佼成』等々十数誌に及ぶ。

新聞は「日本教育新聞」「産経新聞」、単行本は必要と関心に委せて適宜の購入。常に赤ペンを持ってサイドラインや書きこみを楽しみつつ読む。もはや退職して無職の身ながら、国語、道徳、幼児教育、家庭教育、と四つの側面からの執筆や講演の依頼があるので、「読書」によって何とかそれぞれの任を果たしている。書物も我が師である。

テレビは一切見ないので、そこでの話題には全くついていけないが、それで特に困ったことはない。私の情報源の大方は読書と多くの交友、出合いとのお蔭である。今でも、あっという間に一日が暮れ、あっという間に朝が来る。元気と多忙に恵まれて有難い毎日である。

3 「観」を磨く

人生観、教育観、人間観、女性観、楽観、悲観、価値観、幸福観、職業観等々、いろいろに使われているのが「観」である。諺的に言えば、「見方、考え方、受けとめ方」ということになる。「観」が貧しいと万事が辛く、苦しく映るし、反対に「観」が豊かであれば、日々は楽しく、嬉しく、面白く、有難く映る。附属小学校教諭時代の校長だった島田良吉教授は、「教育とは、良き人生観を確立することだ」と、よく言っておられたが、むべなるかなと今にしてつくづくこの言葉の重さを思う。

教頭の折に「今週の目標」が「廊下を走らない」と決まり、その週を私が担当した。この1週間は一人として廊下を走る子などないようにしよう、と週番の子供を集めて訓辞し、その具現を期した。週番児童が「わかりましたっ」と言ったとたんに走って帰ろうとする。

「こらあっ」と怒鳴って集め直し、「そんなことでどうする！」と一喝した。さて、あっという間に1週間が過ぎたのだが、廊下を走る子供は一向に減ることなく、私は疲れ切った。

敗北感ばかりが私を覆った。「廊下を走らない」なんてことは、明治5年の学制頒布この方、どれほど繰り返されてきたことだろう。こんな簡単なこと一つが、平成の代になってもなお解決、解消できずにいる。一体、教育は進展してきたと言えるのだろうか。

私は、敗北感と失意のうちに、師匠平田篤資先生をお訪ねして、何か妙薬がないものでしょうか、とお伺いした。私の話を聞き終えた先生は、破顔一笑、こう言われた。

「子供というのは廊下を走るものだ。俺など走れと言われたって走れやしない。一人も廊下を走る子供がいないなどという学校こそが問題なのだ。それは幽霊学校だ。廊下を走るのは子供の本性だよ」

参った、参った。子供観、教育観の差だ。

Ⅲ－9

●野口芳宏の「この世を去る時『与えたものだけが残る』」を読んで

野口芳宏氏ならばAもBもフル活用する

教材開発士／教師系ＹｏｕＴｕｂｅｒ　村野　聡

1

ＩＣＴか？　手書きか？

こういうＡｏｒＢ型の二項対立論争がある。

しかし、ＩＣＴか手書きか、どちらか一方に決める必要はない。

Ａ＆Ｂ型の両立型で思考したほうが、私たち教師にとっては大きな得になる。

これまで手書きで行ってきた執筆作業の中から、時間的、空間的な場面に当てはめて、今一番有効に働く方を選択すればよいのである。

最近、ＩＣＴが学校教育にも導入されたことをいいことに、「これまでの手書きはもう古い」「手書きは時代遅れ」等の主張をよく目にする。

しかし、ＩＣＴを上回る手書きの成果もエビデンスが取れている。

たとえば、東京大学大学院総合文化研究科・教養学部の「紙のノートの脳科学的効用」(https://www.c.u-tokyo.ac.jp/info/about/booklet-gazette/bulletin/629/open/629-02-1.html)を見ると明らかだ。

他にも、米ワシントン大学の研究やノルウェー科学技術大学の研究成果もある。

2

野口芳宏先生が本編で記している内容には教師の読書の必要性とその著者との対話が表現されている。

確かに、本を読み、その筆者と語らうという行為は、ＩＣＴ活用にはない深い認知が感じられるところである。

それだけ、時間をかけてじっくりと本に触れ、筆者と語らうことで、教師にとって大きな力になることを示している。

では、ＩＣＴではどうか。

こちらは、手軽に自由に短時間で情報を得ることができる。必要ならば筆者ともＺｏｏｍで会話もできるだろう。

ＩＣＴと手書きのどちらがよいかということではなく、どちらも活用場面でそのよさを発揮するのである。

要するに、本を読み、ＩＣＴも活用する教師の情報の広さが教師力になっていくということだ。

これは時代に関係なく、教師力の基本と言えることである。

3

その上で、野口論文を読み進めてみる。

まずは「1　本を読むという研修法の不易」である。

ここで野口先生が話題にしていることは「Ｆａｃｅ　ｔｏ　Ｆａｃｅ」の重要性である。

本文には平田篤資先生との具体的な対話が記されている。

野口先生が読書で感じたことを平田先生にお伝えし、その返事に対して「そうか。そうだったのか、と私は深く得心するところがあった」と述べている。

これはＩＣＴではなかなかできない体験だ。

確かに時間はかかるが、恩師と読書を通して接し、その会話の中から新しい見方を学ばれている。

ＩＣＴで同じ体験をするとしてもバーチャルな形になるだろう。そうなるとリアル感が少なくなりそうだ。

やはり、リアルに接する中で得た体験のほうが情報量は多い。

平田先生の声の調子、体の動き、表情の細かい部分、そういったことが野口先生の脳に細かく焼きついた話だったと想像できる。

次に「2『本』を読む」である。

ここでは野口先生の読書体験が紹介されている。野口先生の読書量は半端ではない。

その凄さを感じつつ、最後の部分を指摘してみる。

「テレビは一切見ないので、そこでの話題には全くついていけないが、それで困ったことはない。私の情報源の大方は読書と多くの交友、出合いとのお蔭である。」

野口先生の言われる「私の情報源」についてだ。

ここを読んだ時に、こう主張される方がいるかもしれないと思った。

「本は一切見ないので、そこでの話題には全くついていけないが、それで困ったことはない。私の情報源の大方はＩＣＴと多くの交友、出合いのお蔭である。」

ＩＣＴによる情報は膨大であり、短時間で入手が可能だ。さらに、今は音声配信もある。

情報量の入手量だけを比べたら、今の時代のほうが手軽に多くの情報にアクセスできそうである。

野口先生が今現役教師ならば、きっと本＋ＩＣＴを使いこなされていただろう。

そして最後に「３　『観』を磨く」である。

野口先生はこの「観」が豊かであれば、「日々は楽しく、嬉しく、面白く、有難く映る」と書いている。

ご自分の実践―廊下を走る子供への指導―に「敗北感と失意」を感じ、師匠である平田篤資先生のもとに訪れる。

そこで、平田先生の話を聞き、子供観、教育観の差を痛感する。

「観」の磨き方が足りなかったと自らを批判的に捉えた野口先生が、こうして「観」を磨くことができた事例である。

この話でも野口先生は、リアルに人と会い、指導をいただくことで、自分を成長させることになっている。

4

野口先生の文章を読むと、本の時代であってもＩＣＴの時代であっても、教師たるもの、たくさんの「情報」から学ばなければいけないことを示している、

さらに、その情報を発信している人とのリアルな出合いも極めて重要だということも示している。

こう考えると、これまでの「本」と「人」という面に加えて、「ＩＣＴ」が加わった今の状況は、教師として情報活用の幅が広がったと見ることができるのである。

野口先生の現役時代にはＩＣＴはなかった。

しかしながら、野口先生の情報収集力（本・人）は相当なものだ。雑誌を数十誌、新聞を二社、そして単行本も「適宜購入」されている。

もしも、野口先生が現役の時にＩＣＴがあれば、おそらくA&B主張派になっていたと考えられるのである。それもぜひ見てみたいと思うのは私だけではないだろう。

◎**執筆者紹介**

野口芳宏　植草学園大学名誉教授
一般社団法人　日本教育技術学会名誉会長

村井淳志　金沢大学名誉教授

小笠原喜一　小学館　元「総合教育技術」編集長

長谷川博之　TOSS 副代表／埼玉教育技術研究所代表理事

石井英真　京都大学大学院教育学研究科准教授

山方貴順　奈良市立都跡小学校教諭

谷　和樹　玉川大学教職大学院教授

貝塚茂樹　武蔵野大学教授

樋口万太郎　香里ヌヴェール学院小学校教諭兼研究員

村野　聡　教材開発士／教師系 YouTuber

◎著者略歴
野口芳宏（のぐち よしひろ）

1936年千葉県生まれ。千葉大学教育学部卒業。千葉大学附属小学校教諭、公立小学校教頭、校長を経て、北海道教育大学教授、植草学園大学教授、千葉県教育委員等を歴任。研究分野は国語教育、道徳教育、幼児教育、家庭教育。日本教育技術学会名誉会長、日本言語技術教育学会常任理事。2005年3月、NHK『わくわく授業』に出演。現在「鍛える国語教室研究会」「実感道徳研究会」「授業道場野口塾（http://ryomoedu.exblog.jp）各主宰。各地の要請に応え、授業や講演による全国教育行脚に励む。『野口芳宏 第一著作集全20巻』『同 第二著作集全15巻』（明治図書）他多数。

ICTに負けてたまるか！人間教師としてのプライド
～ゆるぎなき“信念”宿る教育観の源泉ここに！

GAKUGEI MIRAISHA

2024年3月5日　初版発行

著　者　野口芳宏＋各界識者９人
発行者　小島直人
発行所　株式会社学芸みらい社
〒162-0833　東京都新宿区箪笥町31番　箪笥町SKビル3F
電話番号 03-5227-1266
http://www.gakugeimirai.jp/
E-mail : info@gakugeimirai.jp
印刷所・製本所　藤原印刷株式会社
企　画　樋口雅子
校　正　大場優子
装丁・本文組版　小沼孝至

落丁・乱丁本は弊社宛お送りください。送料弊社負担でお取り替えいたします。

ISBN978-4-86757-044-9 C3037